D1870387

Emmanuel Levinas

Neue Talmud-Lesungen

Aus dem Französischen
übertragen und mit einem Nachwort
versehen von Frank Miething

Verlag Neue Kritik

Die französische Originalausgabe erschien 1996 unter dem Titel »Nouvelles Lectures Talmudiques« bei Les Editions de Minuit, Paris. Übersetzt mit freundlicher Unterstützung des französischen Kultusministeriums. Das Lektorat besorgte Christina Pfestroff.

Die Deutsche Bibliothek - CIP-Einheitsaufnahme

Ein Titelsatz für diese Publikation ist bei
Der Deutschen Bibliothek erhältlich.

© 1996 by Les Editions de Minuit
© für die deutschsprachige Ausgabe Verlag Neue Kritik Frankfurt/Main 2001
Druck Interpress Budapest
ISBN 3-8015-0351-8

Inhalt

Erste Lektion

Der Wille des Himmels und die Macht der Menschen

Vorgetragen vor dem Zentralkonsistorium 1974

Nichts Schlimmeres gibt es für die rabbinische Weisheit, als in Gegenwart der eigenen Lehrer zu lehren. Das Lehramt des Lehrers und die Förderung des Schülers – und damit dessen Pflichten – beginnen bereits dort, wo nur ein einzelnes Wissenselement vom einen zum anderen übertragen wird. Sie können sich also meine Bedenken vorstellen! Wenn ich mich darauf einlasse, diese Talmudlesung ohne die übliche Gelehrsamkeit und bar des von ihr vorausgesetzten oder sich durch sie noch schärfen sollenden Verstandes zu halten, dann nur, um zu bezeugen: Ein »Amateur« kann, wenn er Aufmerksamkeit für die talmudische Denkweise mitbringt, auch aus einer oberflächlichen Annäherung an diese schwierigen Texte – ohne die es kein Judentum mehr gäbe, deren Sprache und Fragestellungen uns von Anfang an aber so fremd vorkommen, daß wir, die modernen Juden, einige Mühe haben, sie uns anzueignen – wesentliche Anregungen für sein Denken beziehen, Fragen betreffend, die den Menschen jeder Epoche, folglich den modernen Menschen, umtreiben.

Dazu jedoch müßte man bereit sein, sich mit einer Talmudseite zu befassen, ungeachtet all der Mühen, die ein solcher recht trockener Vortrag bereitet.

Ich hätte sicher mit viel weniger Mühe durch die eine oder andere Vergewisserung den Wert dieser Texte preisen können, indem ich Formulierungen und Aussprüche zitiert hätte, in denen sie sich selber rühmen. Dieses apologetische Vorgehen will ich aber um jeden Preis vermeiden. Wir haben mit dem Abschnitt, dessen Übersetzung Ihnen vorliegt, genug zu tun. Die Perspektiven, die er bietet, vervielfachen und erweitern sich in dem Maß – oder in dem großartigen Übermaß –, wie man ihn durchforstet. Die Worte der rabbinischen Gelehrten werden mit einer heißen, schwelenden Glut verglichen: Sie lodern auf, wenn man sie anhaucht (*Traktat von den Prinzipien*, II, 15). Glut und Licht sind hier also eine Frage des Atems! Die bedeutungslosen Stellen dieser Glut leuchten auf durch den Sinn, als dessen Pointen sie sich erweisen. Das gilt auch für die Heiligen Schriften. Ich habe das bei Rabbi Chaim Woloschiner, in seinem Buch *Nefesch Hachaim,* »Die Seele des Lebens«, gelernt. Schreiben Sie das, was in meiner Rede zu dunkel oder zu kalt bleibt, also meinem zu schwachen Atem zu. Aber merken Sie sich diesen Vergleich, denn er definiert das Buch als *Buch*, das heißt als Inspiration.

Die Ihnen vorgelegte Übersetzung entstammt den letzten Seiten des Talmudtraktates *Makkot,* eines Traktates von weniger als fünfzig Seiten, der also relativ kurz ist. Er ist den Gerichtsstrafen – unter ihnen auch der Geißelung oder den »Schlägen« (*makkot*) – gewidmet, die Folgen der Übertretung bestimmter Verbote sind, negativer Gebote nach dem Muster »Du sollst nicht...«, sofern die Übertretung trotz vorangegangener Warnung des Schuldigen erfolgte und dies bezeugt worden ist.

Eine Talmudlektion beginnt, wie Sie wissen, mit der Formulierung einiger Thesen, die man *Mischna*[1] nennt. Die Thesen der Mischna, formuliert von den *Tannaiten (tanaim),* werden souverän vorgetragen, oft ohne Berufung auf die Schrift, denn sie nehmen für sich in Anspruch, auf eine mündliche Tradition zurückzugehen, der, mit gleichem Recht wie der schriftlichen Tora, die Herkunft vom Sinai zugeschrieben wird. Auf die Mischna folgt die sogenannte *Gemara*, die sich oft über zahlreiche Seiten ausdehnt und diejenigen Diskussionen und Entwicklungen wiedergibt, die die grundlegenden Lehren der Tannaiten bei den rabbinischen Gelehrten späterer Jahrhunderte (vom 3. bis 6. Jh.) entzündeten, die man *Amoräer* (*amoraim*) nennt.

Ich werde die letzte Mischna des Traktates *Makkot* und einen Teil – etwa ein Drittel – der darauf folgenden Gemara (23b) kommentieren. Das Ende der Gemara behandelt – wenigstens dem Anschein nach – andere Themen als die von der Mischna angeschnittenen. Sicher, man findet die interessantesten und vielleicht sogar zentralen Ideen, die einem Text zugrunde liegen, oft erst dann, wenn man nach dem einheitlichen Sinn eines auf den ersten Blick disparaten Ganzen, eines vorgeblichen talmudischen Sammelsuriums, sucht. Wir werden diesen spannenden, aber schroffen Pfad heute nicht beschreiten. Ich werde lediglich auf eine der beiden Erzählungen Bezug nehmen müssen, die den Traktat beschließen und deren Sinn sich erst im Zusammenhang mit unserem heutigen Text erschließt. Hier also dieser Text, dessen Absätze ich mit römischen Ziffern numeriert habe, um mich im Kommentar darauf beziehen zu können.

Traktat Makkot, 23-24b

MISCHNA

I. All jene, die der Ausrottung aus dem Stamm (durch göttliches Eingreifen) verfallen sind, werden von der Ausrottung verschont, wenn sie die Geißelung erlitten haben, denn es steht geschrieben (Deuteronomium 25, 3): »Er soll ihm vierzig Schläge geben, nicht mehr, damit er nicht, wenn man ihm mehr Schläge gäbe, zuviel geschlagen und er, dein Bruder, entehrt würde in deinen Augen.« Einmal bestraft, ist er wie dein Bruder. Dies ist die Meinung Rabbi Chananja ben Gamaliels.

II. Und Rabbi Chananja ben Gamaliel sagte noch: Da der Mensch sein Leben aufgrund einer begangenen Sünde verlieren kann, wird mit umso größerer Gewißheit demjenigen, der ein Gebot erfüllt, das Leben zurückgegeben.

III. Rabbi Schimon sagte: Das geht schon aus der Stelle hervor, an der sich der Vers (Leviticus 18, 29) findet: »Denn die so handeln [alle, die solche Greuel tun], sollen ausgerottet werden aus der Mitte ihres Volkes.« Und es heißt auch (Leviticus 18, 5): »Darum sollt ihr meine Satzungen halten und meine Rechte. Denn der Mensch, der sie tut, wird durch sie leben. Ich bin der Ewige.« Daher wird jeder, der da sitzt und keine Sünden begeht, belohnt wie der, der das Gebot erfüllt.

IV. Rabbi Schimon bar Rami sagte: Sagt die Schrift nicht (Deuteronomium 12, 23): »Allein achte darauf, daß du das Blut nicht ißt; denn das Blut ist das Leben...« Wenn also beim Blut, das den Menschen natürlicherweise abstößt, gesagt wird, derjenige werde belohnt, der sich seiner enthalte, wird mit umso größerem Recht beim Raub und beim Übertreten sexueller Verbote, die sich auf das beziehen, wonach die Natur des Menschen verlangt und wobei sie Vergnügen empfindet, derjenige, der sich ihrer enthält, ein Verdienst erwerben, für sich und seine Nachkommen bis ans Ende aller Generationen.

V. Rabbi Chananja ben Akaschja sagte: Der Heilige, gelobt sei er, wollte dem Volk Israel Verdienste verleihen, darum hat er ihm die Tora mit zahlreichen Geboten geschenkt, denn es heißt (Jesaja 42, 21): »Es gefiel dem *Ewigen* um seiner Gerechtigkeit willen, sein Gesetz herrlich und groß zu machen.«

GEMARA

VI. Rabbi Jochanan sagte: Rabbi Chananja ben Gamaliels Kollegen teilen dessen Sichtweise nicht. Rabbi Ada bar Ahaba sagte: Man lehrt in der Schule: Zwischen dem Schabbat und dem Jom Kippur gibt es nur den folgenden Unterschied: Der bewußte Verstoß gegen den einen unterliegt der Bestrafung durch Menschen; der gegen den anderen durch Ausrottung. Nun, wenn es so wäre (wie Rabbi Chananja ben Gamaliel meint), läge die Strafe in beiden Fällen in Menschenhand.

VII. Rav Nachman bar Jitzchak antwortete: Diese Lehre ist von Rabbi Jitzchak: Ihm zufolge wird die Geißelung nicht bei jenen angewandt, die der Ausrottung verfallen sind. Denn wir haben eine *Baraita*: Jene, die der Ausrottung verfallen, sind zusammen aufgeführt [im Kapitel 18 des Leviticus bei der Aufzählung der Fälle von Inzest, die mit Ausrottung bestraft werden]. Warum wird dann aber der Inzest mit einer Schwester gesondert erwähnt (Leviticus 20, 17)? Damit der der Ausrottung Verfallene nicht als ein der Geißelung Verfallener betrachtet wird [die Geißelung hat ja anscheinend die Macht, den Verurteilten vor dem Ausgerottetwerden zu bewahren, obwohl die Ausrottung das ausschließliche Vorrecht der himmlischen Gewalt ist].
VIII. Rabbi Aschi sagte: Du kannst sogar sagen, diese Lehre laute, den Gelehrten zufolge: Der bewußte Verstoß des einen ist im Prinzip in Menschenhand, der bewußte Verstoß des anderen im Prinzip in der Hand des Himmels.
IX. Rabbi Ada, Sohn des Rabbi Ahaba, sagte im Namen Rabs: In der Praxis folgt man der Meinung Rabbi Chananja ben Gamaliels.
X. Rabbi Josef sagte: Wer ist denn schon da oben gewesen, zurückgekommen und hat dies berichtet? Abaje antwortete ihm: Hat Rabbi Jehoschua ben Levi denn nicht gesagt: Drei Dinge wurden vom irdischen Gericht festgelegt, denen das Himmlische Gericht zustimmte. Wer war dort oben, kam zurück und berichtete, sagt ihr? Aber wir interpretieren doch Verse. Laßt uns also Verse interpretieren.[2]
XI. Hier das Wesentliche dessen, was Jehoschua ben Levi sagte: Drei Dinge wurden vom irdischen Gericht festgelegt, denen das Himmlische Gericht zustimmte: a) das Lesen der Esterrolle [am Purimfest], b) die Anrufung des Gottesnamens beim Gruß, den man dem Nächsten entbietet, und c) das Abführen des [den Leviten zustehenden] Zehnten an den Tempelschatz.
XII. Was das Lesen der Esterrolle betrifft, so heißt es (Ester 9, 27): »...die Juden erkannten an und sie nahmen es an...« Erkannten dort oben an, was sie hienieden annahmen.
XIII. Zur Anrufung des Gottesnamens beim Gruß steht geschrieben (Rut 2, 4): »Und siehe, Boas kam eben von Bethlehem und sprach zu den Schnittern: ›Der Herr sei mit Euch!‹«, und es steht geschrieben (Richter 6, 12): »Der Ewige ist mit dir, du streitbarer Held!«
XIV. Über das Entrichten des Zehnten steht geschrieben (Maleachi 3, 10): »›Bringt aber die Zehnten in voller Höhe in mein Vorratshaus, auf

daß in meinem Haus Speise sei, und stellt mich so auf die Probe‹, spricht der Herr der Heerscharen: ›[ihr werdet sehen] ob ich euch dann nicht die Schleusen des Himmels auftun und Segen herabschütten werde im Übermaß.‹« Was bedeutet: »im Übermaß«? Rabbi bar Raba sagte: Bis eure Lippen nicht mehr ›Genug!‹ sagen können.
XV. Eleazar[3] sagte: An drei Stellen trat der Heilige Geist in Erscheinung: Bei Sems Gericht, bei dem Samuels von Rama und bei dem des Königs Salomo.
XVI. Bei Sems Gericht, denn es steht geschrieben (Genesis 38, 26): »Juda erkannte es und sprach: ›Sie ist gerechter als ich.‹« Woher wußte er das? Hätte er nicht annehmen können, ein anderer sei zu ihr gegangen, genau wie er dorthin gegangen war? Weil eine himmlische Stimme verkündete: »Durch mich werden die verborgenen Dinge offenbart.«
XVII. Bei Samuels Gericht, denn es steht geschrieben: (1 Samuel 12, 3-5): »›Nun wohl, klagt mich doch an vor dem Antlitz des Ewigen und vor dem Antlitz seines Gesalbten! Wessen Rind oder Esel hab ich genommen, wem hab ich Gewalt oder Unrecht getan‹, usw. Sie antworteten: ›Du hast uns weder Gewalt noch Unrecht getan‹, usw. Und er sprach zu ihnen: ›Gott sei heute Zeuge gegen euch, und Zeuge auch Sein Erwählter, daß ihr nichts gefunden habt, was mich belastet.‹ Und man antwortete: ›Ja, Zeugen sollen sie sein.‹« Warum: »man« sprach? Müßte es nicht heißen: »sie« sprachen? Es war eine himmlische Stimme, die verkündete: »Ich bin Zeuge in dieser Sache.«
XVIII. Bei König Salomos Gericht, denn es steht geschrieben (1 Könige 3, 27): »Da ergriff der König wieder das Wort und sprach: ›Gebt dieser das Kind lebendig und hütet euch es zu töten; diese da ist seine Mutter!‹« Woher wußte er das? Vielleicht war es nur eine List von ihm. Eine himmlische Stimme verkündete nämlich: »Diese da ist seine Mutter.«
XIX. Raba antwortete: Ist das ein Beweis? Vielleicht hat Juda die Monate und Tage berechnet und es kam hin. Man hält sich an das, was man sieht. Man hält sich nicht an das, was man nicht sieht. Ebenso war es bei Samuel ganz Israel, das ihm antwortete, und das rechtfertigt den Singular. Wie geschrieben steht (Jesaja 45, 17): »Israel wird gerettet durch den *Ewigen*.« Gleichfalls Salomo: Er hat es daraus entnommen, daß diese Liebe zeigte und jene nicht.
XX. Man müßte eher sagen, daß die Tradition es so will.

Nach Rabbi Chananja ben Gamaliel wird denen, die sich einer Gesetzesübertretung schuldig machten, welche der Pentateuch mit der Ausrottung (*karet*) bestraft, diese Strafe erlassen, wenn sie die Geißelung erleiden, die vom irdischen Gericht verhängt wird. Die »Ausrottung« ist im Prinzip eine Todesstrafe, die, der rabbinischen Tradition zufolge, die irdischen Gerichte nichts angeht, sondern vom himmlischen Gericht verhängt wird.

Halten wir uns für einen Moment an die Sprache der Mischna, als wiese das ihr zugrundeliegende Denken nicht weit über die von ihr behandelten Inhalte hinaus, die einem Pariser des Jahres 1974 – und geistig kommen wir ja alle aus Paris – auf den ersten Blick überholt, partikularistisch oder zumindest exotisch vorkommen werden. In Wirklichkeit wiegt der Sinn, den sie tragen, schwer, eben weil sie mit den Beispielen, deren Gehalt sie verallgemeinern und formalisieren, wie fest verschweißt bleiben. Sie bergen daher eine Vielfalt von »Einsichten«, deren große Zahl keiner Zweideutigkeit entspringt, sondern dem unerschöpflichen Reichtum des Konkreten in seinen zahllosen Dimensionen. Unsere abendländischen Begriffe machen sich davon vielleicht ein wenig zu voreilig frei. O Ungeduld des Begriffes! Hier hingegen greift die Diskussion unablässig auf die Beispiele zurück, läßt in ihnen neue Begriffe keimen und bricht in neue Richtungen auf. Aber zudem – und dies wird nie genau genug festgehalten, wodurch sich der Eindruck eines vorzivilisatorischen oder vorsintflutlichen Formalismus zu erhärten droht – ist diese paradigmatische Begriffsbildung ein theoretischer Weg zum Verstehen der Wirklichkeit. Er läßt sich nicht Schritt für Schritt in reale Verhaltensweisen und Situationen übersetzen, die eine dokumentarische Bedeutung hätten. Die Absicht, *Halakha*, konkrete Verhaltensregel zu sein, ist zwar gewiß essentiell. Die Halakha läßt sich aus dieser Begriffsbildung ableiten, setzt aber eine spezielle Entscheidung voraus.

Auf dem theoretischen Niveau dagegen, auf dem die Gemara sich aufhält, ist die Dialektik frei. Diese mit dem Konkreten verschweißten Vorstellungen eröffnen der Theorie einen ganz anderen Spielraum als den, in dem sich die reinen Abstraktionsbegriffe bewegen. Sie gehen jedoch auch nicht im Anekdotischen auf, sowenig wie gewisse Vorstellungen der modernen Physik in den Bildern und Schemata, durch die man sie in unseren Schulbüchern darstellt.

Das Menschengericht habe also die Aufgabe, Sünden zu erkennen, die uns außerhalb der Menschheit gestellt haben, und das Irreparable zu reparieren. Vermag das Gericht ebensoviel auszurichten wie die Barmherzigkeit oder die Gnade? Wird Gnade im Gerichtsverfahren manifest? Vergessen Sie für einen Moment das abstoßende Bild der Geißelung, vergessen Sie die Gewaltsamkeit der Ausrottung und den Formalismus des Gerichtsverfahrens. Die Vorstellung von Schlägen benennt eine menschliche Strafe, deren Wesen genau darin besteht, die unantastbare persönliche Würde des Nächsten anzutasten. Jene, in die die Gnade einziehen wird! Doch der Bezug auf Deuteronomium 25, 3 ist klar und deutlich: Gerade hier soll die Nächstenliebe sich voll und ganz entfalten, soll sie strafen ohne zu entwürdigen, sich in die Angelegenheiten des anderen einmischen, ohne seine Freiheit anzutasten. Sind Gericht und Justiz nicht dieses extreme Maß einer Differenz, die ein Differential ist?

Die Menschenjustiz, wenn auch definiert durch unschöne Begriffe wie Geißelung, tritt an Stelle des harten Urteils des Absoluten: »Er soll ausgerottet werden aus seinem Volk.« Abgeschnitten werden vom Leben, aber auch von Israel, das heißt von der menschlichen Wertordnung, von der Ordnung wahrer Menschlichkeit, von der wahren Gesellschaft. Und, Maimonides zufolge, der im 12. Jahrhundert die Essenz aus dem Talmud herausdestillieren wird, Abgeschnittensein von der zukünftigen Welt, jener letzten Zweckbestimmung des menschlichen Seins und der Welt, im Vergleich zu der selbst die messianischen Verheißungen nur eine vorletzte Etappe darstellen. Rabbi Chananja bricht mit dieser undurchsichtigen mythologischen Endgültigkeit, deren bloße Möglichkeit schon eine religiöse Tyrannei bezeichnen würde und verkündet, es gebe keine Verfehlung dem Himmel gegenüber, die man nicht – unter Menschen und bei Tageslicht – büßen oder büßen lassen könne. Das Gericht, eine über den blinden Mächten des Daseins stehende, zur Unparteilichkeit und Selbstlosigkeit erhobene Versammlung, sei der Ort, an dem sich der Erneuerung bringende göttliche Wille manifestiere: Initiative des väterlichen Wirkens in der äußeren Form der Brüderlichkeit.

Das Argument, das Rabbi Chananja ben Gamaliel anführt, ist sehr bemerkenswert. Er scheint mit Worten zu spielen. In Wirklichkeit ist der Bezug auf den Ausdruck »dein Bruder« im Deuteronomium nicht spielerisch. Es handelt sich um eine Begründung und eine Definition der Justiz, der Gerechtigkeit. Um einen Akt ohne den Geist der Rache, der Verachtung oder des Hasses, einen Akt ohne Leidenschaftlichkeit, gewiß. Aber, positiv ausgedrückt, einen Akt der Brüderlichkeit. Er entspringt einer Verantwortung für den anderen. Verantwortlich sein für den Nächsten, Hüter des anderen Menschen sein – ganz im Gegensatz zur Weltsicht Kains – definiert Brüderlichkeit. Die Nächstenliebe wird im Gericht möglich, dem bedenkenden und abwägenden Gericht. Eine Übertreibung, deren Absicht auf der Hand liegt: Keine Begnadigung gibt es umsonst. Immer muß ein Unschuldiger, ohne es zu wissen, dafür bezahlen. Sie wird dem Richter nur dann erlaubt, wenn er die Kosten dafür selbst übernimmt.*

* »...Der Richter hat sein Urteil gesprochen, er hat den Unschuldigen freigesprochen und den Schuldigen verurteilt, und er hat festgestellt, dies ist ein armer Mann, und er müßte Bußgeld bezahlen, und er hat es ihm aus seinem Privatvermögen erstattet. Das ist Gerechtigkeit und Barmherzigkeit...« Traktat *Sanhedrin,* 6b. Zitiert nach der Übersetzung des Oberrabbiners Salzer, S. 27.

Doch es obliegt dem irdischen Richter als Menschen, als Bruder des Schuldigen, seinen Nächsten der menschlichen Brüderlichkeit wiederzugeben. Für seinen Bruder verantwortlich sein bis hin zur Verantwortung für dessen Freiheit! Was nur möglich ist durch die Gewalt des Schmerzes, der wachrüttelt, das heißt, der belehrt, erzieht und auf die Probe stellt. Maimonides wird auch an dieser Stelle die Notwendigkeit der Reue betonen, aber die Vergebung – die Rückkehr in die Menschheit – ist erst nach der Bestrafung möglich. Heteronomie gehört demnach zu den Bedingungen der Autonomie und wird vom Judentum mit aller Schärfe unter dem Begriff – oder unter der Kategorie – der Vaterschaft gedacht.*

Die göttliche Gerechtigkeit muß sich also im irdischen Gericht manifestieren, um sich die Gestalt der menschlichen Brüderlichkeit zu geben. Dieser Barmherzigkeit bzw. dieser Gnade wird ein Vertrauen entgegengebracht, welches den Respekt vor der bloßen Strenge fünfhundertfach übersteigt. In der Tat wird das zweite Argument Rabbi Chananja ben Gamaliels (II), ein Argument *a fortiori*, implizit mit diesem Vertrauen begründet. Steht denn nicht geschrieben (Exodus 34, 7): »Der Ewige bewahrt Tausenden von Generationen seine Gunst, Er duldet Verbrechen, Auflehnung und Sünde, aber Er läßt sie nicht ungestraft. Er sucht die Missetat der Väter heim an den Kindern, an den Enkeln, bis zum dritten und vierten Glied!« Was die Rabbinen so deuten: Tausenden von Generationen – mindestens zweitausend. Durch mindestens zweitausend Generationen überträgt sich die für das

* Man muß die scheinb ar nur erbaulichen Verse, wie z. B. Deuteronomium 8, 5, mit Macht gegen das Heidentum im Begriff »Ödipuskomplex« lesen: »So sollst du ja in deinem Herzen erkennen, daß der Ewige, dein Gott, dich züchtigt wie ein Mann seinen Sohn züchtigt.« Die Vaterschaft hat hier die Bedeutung einer Kategorie, die Sinnhaftigkeit konstituiert, und nicht etwa die der Entfremdung von ihr. In diesem Punkt zumindest ist die Psychoanalyse ein Beleg für die tiefe Krise des Monothe ismus im Empfinden unserer Zeit, eine Krise, die nicht allein auf die Ablehnung fragwürdiger dogmatischer Positionen reduziert bleibt. Sie birgt das letzte Geheimnis des Antisemitismus.

Verdienst verliehene Gunst, durch vier Generationen schreit die Missetat nach Gerechtigkeit. Die göttliche Barmherzigkeit ist daher mindestens fünfhundertmal größer als Gottes Strenge. Hinter dieser theologischen Arithmetik steht ein moralischer Optimismus: Von dem Sieg, der über das Böse errungen wurde, geht niemals etwas verloren, während der Sieg des Bösen nur eine gewisse Zeit andauert.* Somit wird Rabbi Chananja sagen: Wenn wegen der Übertretung eines Verbotes ein menschliches Wesen von seinem Volk »abgeschnitten« werden kann, sollte umso eher beim Erfüllen eines Gebotes demjenigen, der zur *karet* verurteilt ist, das Leben zurückgeben und er seinem Volk wiedergegeben werden. Die vom Gericht verhängte Geißelung zu erleiden heißt objektiv das Gesetz zu erfüllen, dem der Schuldige unterworfen ist.

Die Gewalt des Gerichtes reumütig zu erfahren kommt der Erfüllung eines Gebotes gleich: Ist das nicht die implizite Prämisse des *a-fortiori*-Arguments Rabbi Chananja ben Gamaliels, die das Eingreifen Rabbi Schimons (III) provoziert? Einige Interpreten sehen darin eine Lehrmeinung, die unabhängig von der sei, die Rabbi Chananja ben Gamaliel über die Bedeutung der Verbote ausspricht. Unsere Lesart, die sie mit dem Beginn der Mischna zu verbinden versucht, rechtfertigt es, zumindest die Ähnlichkeit der beiden Texte zu behaupten. Der Zwang, der auf das spontane Leben ausgeübt wird – wie er sich in den negativen Weisungen des Buches Leviticus ausdrückt, wobei die sexuellen Verbote als Prototypen oder wenigstens als bevorzugte Beispiele für diese Verbote dienen – wird von Rabbi Schimon zur Lebensgaran-

* Die wahre Kultur bedeutet Stärke, aber sie muß einen Anfang setzen. Hat sie nicht auf natürliche Weise begonnen? Das ist die ganze Frage, die die Krise unserer Kultur aufwirft. Ist im Natürlichen, Spontanen, Naiven nicht die Verirrung angelegt? Bedarf es nicht eines gewaltsamen (väterlichen) Aktes, um einen Akt der Freiheit und Selbstlosigkeit zu erreichen? Und was ist mit dem unbelehrbaren Bösen?

tie erhoben: »Jeder, der da sitzt und keine Sünden begeht, wird belohnt wie der, der Gebote erfüllt.«

Die negative Weisung aber – wie sehr es zu ihrer Erfüllung real auch positiver Schritte bedarf – ist Zwang par excellence, reiner Zwang, sowohl durch ihre Befehlsform, als auch durch ihren Inhalt, da sie gebietet, dem Leben, das sich auslebt in seiner Lebensvitalität, dem Leben, das sich auslebt wie eine »Kraft, die nichts aufhält«[4], einen Zwang aufzuerlegen. Die negativen Weisungen, die die Vitalität begrenzen, und die vor allem die blinde Unmäßigkeit der sexuellen Begierde begrenzen, sind jedoch, glaubt man Rabbi Schimon, Versprechen auf Leben.

Gewiß kann man guten Glaubens in dieser Verheißung das sehen, was der Köhlerglaube von ihr erwartet: langes Leben oder ewiges Leben als Belohnung für die von den Verboten auferlegte Abstinenz. Doch man kann unter Leben auch genau jene Begrenzung der ungesteuerten Vitalität des Lebens verstehen – etwas, für das die Beschneidung das Symbol wäre, eine Begrenzung, durch die das Leben aus seiner schlafwandlerischen Spontaneität geweckt wird, durch die es den Rausch der Natürlichkeit ausnüchtert und das Kreisen um sich selbst aufgibt, um sich dem anderen Menschen, dem Nächsten, zu öffnen. Ein Leben, in dem die Bestimmung des jüdischen Volkes erkennbar wird, das, indem es diese Raubtier-Vitalität durch das *Gesetz* begrenzt, diese Begrenzung als ihren besten Teil, das heißt als einen »Lohn«, begreift.

Und man kann unter dem von der »Ausrottung« aus dem Volk, von der *karet* bedrohten Leben und unter dem Leben, das derjenige wiedergewinnt, der den Zwang des Gerichtes erfahren hat, ein Leben verstehen, das das Gegenteil des von sich selbst berauschten Seins ist, wenn an die Stelle der unbegrenzten Überflutung durch den Appetit der Begierde, der Herrschaft, des Genusses, dem sich nichts, nicht einmal der

Nächste, in den Weg stellt, eine Sinnfülle tritt, eine Verantwortung für Gerechtigkeit.

Schon jetzt ist in dem ausgelassenen Leben, das durch die negative Weisung aufs Menschliche zurückgenommen werden muß, das Triumphgetöse Roms zu vernehmen, dessen Echo dann den letzten Teil des Traktates durchzieht (24a-24b, den wir heute nicht zu kommentieren haben werden), ein Lärm, der einen in Zeiten der Ermüdung, wenn man etwa eine Reise unternimmt, wie Rabban Gamaliel, Rabbi Eliezer und Rabbi Jehoschua an der Richtigkeit des gerechten Lebens der Meister zweifeln läßt, an der Richtigkeit des gerechten Lebens, bei dem allein Rabbi Akiba noch lachen kann.*

Rabbi Schimon bar Rami leitet den »Lohn«, der jenen vorbehalten ist, die gegen negative Weisungen nicht verstoßen, aus den Verheißungen im Zusammenhang mit dem Genuß von Blut ab. Wenn Abstinenz, die einer natürlichen Abneigung entspricht, belohnt wird, wie sehr dann erst der Widerstand gegenüber dem Begehrenswerten! Der Abscheu vor dem Blut hat hier möglicherweise eine Bedeutung, die nicht ausschließlich gastronomischer Art ist. Umso verdienstvoller ist die Standhaftigkeit gegenüber sexuellen Ausschweifungen und der Lust an der Bereicherung. Denn darin liegt doch das wahre Leben, wenn man der Kultur der großen Metropolen und der Weltliteratur glauben darf! All diese Verrechenbarkeit von Verdiensten und Belohnungen hat eine tiefere Bedeutung. Das lebendige Leben, das natürliche Leben, beginnt vielleicht in Naivität und Abneigungen, die mit der

* »Eines Tages befanden sich Rabban Gamaliel, Rabbi Eliezer, Rabbi Jehoschua und Rabbi Akiba auf Wanderschaft. Sie hörten den Lärm der Stadt Rom, vom Kapitol, aus einer Entfernung von 120 Meilen. Sie begannen zu weinen, nur Rabbi Akiba lachte. Sie fragten ihn: Warum lachst du? Er fragte sie: Warum weint ihr? Sie sagten: Diese Schufte, die falsche Götter anbeten und Weihrauch vor Götzenbildern darbringen, leben in Frieden und genießen die Ruhe, und der Tempel – der Fußschemel unseres Gottes – ist verbrannt. Wie sollten wir da nicht weinen? Er sagte zu ihnen: Eben deshalb lache ich ja. Die wider Seinen Willen handeln, haben ein solches Los. Wie wird es dann erst uns ergehen!«

Ethik noch übereinstimmen, doch es endet im Vergnügen an der Unzucht ohne Liebe und in dem zur Gesellschaftsstruktur erhobenen Beutemachen, in der Ausbeutung. Das menschliche Leben beginnt erst da, wo diese scheinbar unschuldige, aber potentiell zerstörerische Vitalität durch Verbote gebändigt ist. Besteht die echte Kultur, welche biologischen Rückschläge, welche politischen Niederlagen sie auch mit sich bringen mag, nicht darin, den Atem des naiven Lebensimpulses anzuhalten und auf diese Weise wach zu bleiben »für die Nachkommen bis ans Ende aller Generationen«?

Und nun verstehen wir den Gedanken Rabbi Chananja ben Akaschjas (V), mit dem die Mischna schließt.

Der Ewige wollte Israel mehr Verdienste ermöglichen, indem er seine Gebote vervielfachte. Sicher nicht, um künstliche Verdienste zu schaffen oder ein Hindernisrennen zu inszenieren. Verbote sind für die Erhabenheit der Gerechtigkeit und zu ihrem Ruhm notwendig, gegen dieses Leben, das wie eine Macht gelebt wird, die unaufhaltsam voranschreitet. Selbst da, wo die Natur vor dem Übel zu schützen scheint, wie in dem Abscheu, den man beim Verzehr oder selbst beim Vergießen von Blut empfindet. Keine Naturtendenz, die gesund genug wäre, als daß man sich nicht dennoch dagegen engagieren könnte. Die Heiligkeit ist Voraussetzung für das Gesundsein des Gesunden. Man braucht sie also selbst da, wo zunächst der Instinkt vor dem Schaden, den man anderen zufügt, bewahrt, wo er unschuldig ist.

Doch die Größe der Gerechtigkeit, von der in diesem letzten Teil der Mischna die Rede ist, und die ein Leben im Gehorsam gegen zahlreiche Gebote voraussetzt, ist auch der Ruhm des Gerichtes und der Richter. Der Lehre zum Ruhm verhelfen: Nur Richter, die selbst die zahlreichen Gebote befolgen, können die ruhmreiche Versammlung bilden, in der der Wille Gottes gewollt wird. Der Richter ist nicht bloß ein Gesetzesexperte; er befolgt selbst die Gesetze, die er anwendet, und das Gesetzesstudium ist auch die wesentliche Form dieses Gehorsams. Eine solche Situation ist Voraussetzung dafür, daß die »Ausrottung« durch die Gewalt der Geißelung aufgehoben werden kann und daß die Verantwortlichkeit des einen für den anderen und die – ontologisch sonderbaren – Strukturen durch das Verhängen einer Strafe das Sein eines Nächsten auf sich nehmen können; nur so kann ein Wert gelten, der vor der Freiheit war und der die Freiheit nicht zerstört. Und das ist wahrscheinlich die erste Bedeutung des außergewöhnlichen Wortes: Gott.

Der Himmel und die Erde

Wenn das irdische Gericht in Sanktionen eingreift, für die nur der Himmel zuständig ist, ist das eine Verweltlichung der Tora, die Aufhebung dessen, was die Philosophen die göttliche Transzendenz nennen?

Der Text der Gemara beginnt allerdings mit dem Rekapitulieren der Meinungen, die der Entscheidung Rabbi Chananja ben Gamaliels zu widersprechen scheinen (VI, VII, VIII), obgleich dieser Bericht mit dem Beitrag Rabbi Adas, Sohn des Rabbi Ahaba, schließt: In der juristischen Praxis folge man der Meinung Rabbi Chananja ben Gamaliels (IX). Es gebe, heißt es, die Lehre einer Schule, nach der der Unterschied zwischen dem Jom Kippur und dem Schabbat in folgendem bestehe: Die Übertretungen der Verbote beim einen gingen nur den Himmel etwas an, und die Übertretungen der Verbote des anderen beträfen das Menschengericht (VI). Das metaphysische Problem des Unterschieds zwischen Transzendenz und Immanenz ist hier nicht von Fragen zu trennen, wie sie Sanktionen aufwerfen, die Übertretungen von Verboten bestrafen. Dies ist sehr bemerkenswert und charakteristisch für ein Denken, in dem die Begriffe ihren letzten Sinn aus einem ethischen Kontext beziehen.

Doch wie läßt sich diese »Schulmeinung« mit der Entscheidung Rabbi Chananjas vereinbaren? Rabbi Nachman bar Jitzchak (VII) erkennt in dieser »Schulmeinung« die extreme Position Rabbi Jitzchaks. Dieser besteht auf der Unterscheidung zwischen dem Göttlichen und dem Menschlichen, die aus der Unmöglichkeit abgeleitet wird, die »Ausrottung« auf die Geißelung herabzumindern. In der Tat bindet ein Text die Ausrottung speziell an die inzestuösen Beziehungen zwischen Bruder und Schwester (Leviticus 20, 17), obwohl diese Strafe bereits für die inzestuösen Beziehungen überhaupt gefordert worden war (Leviticus 18, 28). Die Wiederholung soll also die Unmöglichkeit beweisen, die Ausrottung durch eine mildere Strafe zu ersetzen! Rabbi Jitzchak weigert sich, die das Leben erneuernde Funktion der Geißelung für denjenigen, der der Ausrottung verfallen ist, anzuerkennen. Es ist natürlich sehr wichtig, Rabbi Jitzchaks Meinung hier anzuführen: Sie lehnt die rein humanistische und naturalistische Interpretation des *Gesetzes* ab. Wir werden darauf gleich zurückkommen.

Bezüglich der »Schulmeinung«, die soeben angeführt wurde, sollen die »Gelehrten« etwas Weiteres gelehrt haben (VIII): Nur prinzipiell ist das vorsätzliche Vergehen, das die Ausrottung nach sich zieht, Sache des Himmels. Doch über die Ausrottung, die im Prinzip nur den Himmel etwas angeht, habe das Menschengericht praktisch doch Gewalt. Ist das Inkonsequenz, besser »menschliche Schwäche«? Oder steckt hinter diesem intellektuellen »praktisch« nicht etwa ein strenger Gedanke? Bedeutet die Transzendenz und (etymologisch verstanden) Exzellenz des himmlischen Gerichtes in ihrer Emphase selbst nicht eine Erhabenheit, die wieder hinab zum Menschen führt? In diesem Verständnis haben wir die Mischna gelesen. Die absolute Gerechtigkeit verwandelt sich in Barmherzigkeit nicht durch willkürliche, ungerechte Nachsicht, sondern durch das von Menschen abgehaltene

Gericht. Gott, das wäre damit eine Barmherzigkeit, die aus der Gerechtigkeit und der Strenge der Gerechtigkeit entspringt; was konkret bedeuten würde: Vermittlung durch eine Versammlung gerechter Menschen – Ermöglichungsgrund einer solchen Versammlung. Und umgekehrt ist die Versammlung der Gerechten nicht selbst die Quelle ihres Urteils; in ihr setzt sich ein anderer Wille durch, ihr Urteil ist inspiriert und geht über die Bedingtheit des Menschen (die *conditio humana*) hinaus. Wie es unser Text ja später sagen wird (XV bis XX). Die Gerechtigkeit geht nicht in einer von ihr eingerichteten oder wiederhergestellten Ordnung auf. Das immanente System der Gesetze wird durch den Anspruch, der von anderswo ergeht, beschwerlich gemacht und immerzu überschritten.

Die Gewalt des Übernatürlichen: Für alle, die im Sichselbstgenügen des Identischen die endgültige Gestalt der Freiheit und Vernunft sehen, stellt sie gewiß eine Entfremdung dar. Es sei denn, hier habe sich jene einzigartige Heteronomie ausgedrückt, die niemals schwankt – und die unaufhebbar ist wie das der Ausrottung zugrundeliegende Prinzip, das den Schuldigen in der Gewalt des allerhöchsten Gerichtes hält; es sei denn, jene »Gewalt« verdiene den ihr eilfertig zugelegten Namen nicht, denn sie geht der Freiheit, die allein dem Pneumatismus der Seele Leben einhaucht, voraus; es sei denn, das Prophetische wäre die Essenz des Menschlichen, das Trauma, das den Menschen zur Freiheit erweckt; es sei denn, in dem Dauerzustand dieses Traumas, das er als Gottesfurcht erlebt – weder als Schrecken noch als Furcht vor dem Gewöhnlichen – befreie sich seine Freiheit hin zur Wachsamkeit, die mit der Schläfrigkeit des mit sich selbst beschäftigten Ichs ringt. Nur in einem solchen Trauma kann das Wort »Transzendenz« – nicht metaphysisch, sondern im eigentlichen Sinne – verstanden werden: als Umsturz einer Welt, die als Welt das Reich des Identischen ist und sich im System selbst genügt. Der Mensch als aus der Ordnung gefallenes oder durch den Anderen wachgerütteltes Selbes ist eine Struktur oder Kategorie des Anderen-im-Selben, die nicht reduzierbar[5] ist. Entgegen dem griechisch-römischen Modell des Selben, das als Erstes oder Letztes gesetzt wird, als sich selbst genügender Begriff, nimmt das Menschengericht nur deshalb alle Verantwortung auf sich, weil es von der Verantwortung für etwas anderes als es selbst belebt ist. Der Wille Gottes ist ganz und gar Erhabenheit, in dem Maße, wie er sich im Menschengericht vollzieht. Seine prophetische Manifestation, in der er zum Menschen herabsteigt und sich durch ihn ausdrückt, ist wahrscheinlich nicht eine beliebige Bewegung, sondern seine höchste Erhabenheit. Zahlreiche Texte, biblische und talmudische, haben uns damit vertraut gemacht.*

Daß die Meinungen, die an die Unaufhebbarkeit der Ausrottung erinnern, in unserem Text nicht ausgelassen wurden, weist also darauf hin, daß die Justiz nicht ein System ist, dessen Rationalität über die Menschen und die Götter gleichermaßen bestimmt, ein System, das sich in der Gesetzgebung der Menschen so offenbaren würde, wie die Strukturen des Raumes sich in den geometrischen Lehrsätzen zeigen; eine Justiz, die von Montesquieu »Logos des Jupiter« genannt wurde. Es scheint, er habe durch diese Metapher die Religion zurückgeholt, obgleich er doch durch Streichen der Differenz nur die Transzendenz verweltlicht hat. In der rabbinischen Gerechtigkeit bewahrt die Differenz ihre eigentliche Bedeutung. Die Ethik ist keine Ableitung der Religiosität. Sie ist an sich selbst dasjenige Element, in dem allein religiöse Transzendenz einen Sinn haben kann.**

* Zum Beispiel, auf frappierende Art, Psalm 113, mit dem das *Hallel* beginnt. Die Erhabenheit Gottes »wächst« in den ersten fünf Versen immer mehr, und, siehe da, als Krönung dieser Erhabenheit wird der Ruhm Gottes zum Blick, der tiefer und tiefer taucht, und zum Akt, der vom Elend (Vers 7) zur Verzweiflung (Vers 9) der Menschenwesen gelangt.

** Das Trauma, welches das Selbe erfährt durch den Einschlag des göttlichen Anderen, durch den sich eine Gerechtigkeit zwischen den füreinander verant-

Wenn die Entscheidung Rabbi Chananja ben Gamaliels das Jenseits nicht annulliert, wie kann man sicher sein, daß der Himmel mit dieser Entscheidung einverstanden ist? Eine vereinfachende Frage, deren Tragweite jedoch beträchtlich ist.

Die Art und Weise, wie hier diese Sicherheit angestrebt wird (X bis XIV), wird uns erlauben, dem Jenseits einen Sinn zu entlocken, der mit der mythologischen Kinderei einer quasi räumlichen Trennung brechen wird – mit einer Hinterwelt der Götter, die von »großformatigen« Wesen bewohnt wird, mit einer Verbindung mit dem Jenseits, die als Informationsaustausch verstanden wird, mit einem Gott, der nur eine Macht unter anderen Mächten ist und Erfolg und Mißerfolg der Menschen in der Hand hat. Dies alles liegt zweifellos in der Frage Rabbi Josefs: »Wer ist da oben gewesen, wiedergekommen und hat davon berichtet?« Selbst die mosaische Offenbarung, als historisches Faktum genommen: kann sie dem standhalten? Was bürgt letztlich für ihre Authentizität? So weit geht die Frage von Rabbi Josef.

In diesem Moment schreibt Abaje im Rückgriff auf ein Wort Rabbi Jehoschua ben Levis (X) den hermeneutischen Interpretationen von Schriftversen, dem Midrasch, die Kraft zu, das Geheimnis der Transzendenz aufzubrechen.

Drei Dinge, die durch ein irdisches Gericht beschlossen worden seien, hätten, Rabbi Jehoschua ben Levi zufolge, die Zustimmung des Himmels erfahren (XI): die Einführung der Lesung der Esterrolle am Purimfest, da Mose sie selbst ja noch nicht einführen konnte; das Recht, den Gottesnamen zu nennen, wenn man den Nächsten grüßt, wo dieser Name doch nicht unnötig ausgesprochen werden darf; das Entrichten des für die Leviten und Hohepriester bestimmten Zehn-

wortlichen und haftbaren Menschen herstellt, ist das beste Teil der Bestimmung Israels und, in Gestalt der Wachsamkeit, die Umarmung Gottes. Dies macht auch den Sinn der beiden Erzählungen aus, mit denen der Traktat *Makkot* schließt.

ten an den Tempelschatz, obwohl das *Gesetz* Moses keinen Umweg über den Tempelschatz vorsah.

Daß diese Einrichtungen der Menschen die Zustimmung des Himmels erhielten, ergibt sich aus der Interpretation der Verse, die von ihrer Einsetzung oder Bestätigung berichten.

Zur Lesung der Esterrolle heißt es (XII): »Die Juden setzten ein und billigten« (Ester 9, 27). Wozu diese beiden Wörter, wenn nicht um zu sagen: Dort oben wurde legalisiert, was sie unten angenommen hatten. Beim Recht, den Namen Gottes zu nennen, wenn man den Nächsten grüßt (XIII)? Entscheidung Boas (des Richters, denn das Buch Rut beginnt: »Es war zur Zeit der Richter...«) in Rut (2, 4), die (anachronistischerweise) durch den Gruß bestätigt wird, den ein Engel Gideon entbietet (Richter 6, 12): »Der Ewige ist mit dir, du streitbarer Held!« Das Abführen des Zehnten an den Tempel, eingesetzt durch Nehemia (10, 38-40), wird durch Maleachi (3, 10) bestätigt.

Wie können solche Antworten – vorgebracht in Form einer klassischen *petitio principii*[6] – neben der Radikalität der Frage Rabbi Josefs bestehen? Es ist sicherlich erlaubt, sie als Ausdruck eines Standpunktes zu betrachten. Der biblische Kanon, ausgestattet mit außerordentlicher Autorität, enthält, ohne daß neue Offenbarungen nötig wären, für den, der sich auf das Interpretieren von Versen versteht, auf alles eine Antwort.

Doch betrifft die Frage Rabbi Josefs nicht letzten Endes auch den Mann, von dem gesagt worden ist: »Steig zu mir auf den Berg und bleibe da, ich werde dir die steinernen Tafeln geben, die Weisung und die Gebote...« (Exodus 24, 12)? Bietet uns Abajes Antwort da nicht eine etwas aktuellere Lehre? Hat das Interpretieren von *Geschriebenem* nicht per se eine spirituelle Dimension? Sind nicht die kommentierten Verse, anstatt auf der Autorität der Schrift zu beruhen, dazu bestimmt, sie erst zu errichten?

In der Tat, gehört denn das Abenteuer des Midrasch, die Möglichkeit selbst, überhaupt Hermeneutik zu treiben, mit dessen streng formaler Methode, nicht bereits zu der Art und Weise, wie sich in uns jene andere Stimme bemerkbar macht, die – in Schulbegriffen ausgedrückt – Erscheinungsweise der Transzendenz überhaupt? Vergessen wir die historischen Umstände, die am Vers abzulesen sind, und die Informationen, die man aus ihm gewinnen kann. Stellen wir den Sinn dessen wieder her, was im Gewebe des Textes gesagt wird. Die rabbinischen Gelehrten haben sich immer gern an den *Buchstaben* gehalten. So muß man vielleicht das ganze tote Gewicht der Zeichen nennen, die die Bedeutung beschweren. Das Ausdruck-Geben hingegen läßt sich nicht auf die bloße Übermittlung von Gedanken reduzieren. Das Zum-Ausdruck-Bringen der Bedeutung ist Teil des Bedeutens selbst, jener merk-würdigen Kreativität des Verstehens, die aus ihm Geist macht, das heißt Inspiration. Als *trüge* der Sinn eines Gedankens – als Meta-pher[7] – über die Grenzen des vom Denkenden Intendierten hinaus. Der Sinn spricht – jenseits des von ihm Gesagten. Er wird außerhalb des Sprechers gesprochen. Seine angelegten Schwingen oder der Keim unzähliger verheißener Leben in ihm – geistige Samen – wohnen auch den Buchstaben des Textes ein – die Metaphern für ein Denken sind, das mehr denkt als es denkt. All dieses literarische »Buchstabenwerk« – so wie man sagt »Blattwerk« oder »Takelwerk« – erwartet oder inspiriert den Leser. Verse schreien: »Deute mich!« Die Inspiration in jeder echten Literatur, die das Buch als *Buch* definiert: sie führt die Geschichte der Nationen.

Doch Inspiration ist nicht nur in der sich zum *Buch* erhöhenden Sprache, wenn sie ihre Funktion als Instrument zur Verbreitung von Information hinter sich läßt – vorausgesetzt, sie kann sich dort halten – und wenn sie, die selbst inspiriert ist, inspiriert. Dieser nicht auf die Verbreitung von

Informationen zu reduzierende Übergang vom einen auf den anderen, der die Kohärenz einer Ordnung der Dinge garantiert, ergibt sich gewiß auch bei der Interpretation eines Sinnes. Doch nicht alle Literatur geht auf den ersten Grund des Sinnes zurück, nicht sie ist Begründung von Sinn. Wo findet diese Begründung statt? Könnte dies nicht das Vorrecht der Heiligen Schriften sein, auf die ja Abaje verweist? Gibt es irgendwo einen Sinn und eine Erzählung, gibt es ein Gesagtes, gibt es eine Fabel, die nicht vom Verhältnis des Menschen zum anderen Menschen erzählte? Gibt es ein Verhältnis vom Menschen zum Menschen, das nicht das Ich aus dem Selbst heraustreten ließe, das nicht jene Identität des Identischen aufbräche, durch die die Lebenden sich an ihr Sein klammern? Gibt es ein Verhältnis von Mensch zu Mensch, das nicht ethisch wäre? Die Ethik ist keine Region[8] des Wirklichen oder Zierat an ihm, sie ist an sich die Uneigennützigkeit selbst, die nur möglich ist in dem traumatischen Zustand, in dem die Präsenz[9], in ihrer unverbesserlich gleichförmigen Präsenz, gestört wird durch den Anderen. Gestört oder geweckt. Die Echtheit und den Wert dieses traumatischen Zustandes zu erfahren, heißt wieder zu diesem traumatischen Zustand, zu dieser Transzendenz oder zu diesem Wachen zurückzukehren, in dem zum ersten Mal all diese »Vorstellungen« für uns Bedeutung annehmen, d.h. uns etwas »bedeuten«.

In den angeführten Texten werden in der Tat ganz bestimmte, mit sich selbst identische Situationen und Lebewesen, die sich innerhalb von Definitionen und Grenzen aufhalten, die sie in eine Ordnung integrieren und sie als Welt ruhen lassen, auf einmal von einem Atem durchweht, der ihren Betäubungszustand oder ihre Identität als Lebewesen oder Dinge aufwirbelt und aufrüttelt, der sie aus ihrer Ordnung herausreißt, ohne sie zu entfremden. Wunder der Menschenwesen, die es sich in ihrem Sein bequem gemacht hatten und zu neuer, tieferer, nüchternerer Wachsamkeit erwachen. Es besteht kein Zweifel: das Wunder, als Störung der Ordnung, als Zerreißen des Selben durch das Andere oder den Anderen, ist und bleibt die Struktur – oder De-Struktur – der Transzendenz. Und wenn rein märchenhafte Wunder unseren Geist mißtrauisch machen und für uns allenfalls Bilder der göttlichen Epiphanie genannt zu werden verdienen, dann nicht, weil sie die Ordnung umstürzen, sondern weil sie sie nicht genug umstürzen, weil sie nicht genug wunderhaft sind, weil das Andere, das das Selbe aufstört, in ihnen nicht anders genug ist.

Seltsamerweise ist der erste biblische Text, der von Rabbi Jehoschua ben Levi zugunsten des Einverständnisses zwischen dem himmlischen und dem irdischen Gericht zitiert wird und so gleichermaßen den Unterschied zwischen Himmel und Erde wie auch eine Beziehung zwischen beiden – das bedeutet: den prophetischen Monotheismus – bestätigen soll (XII), das Buch Ester, ein Buch, dem Gott sozusagen seinen Namen entzogen hat, einschließlich des Wortes, mit dem er bezeichnet wird. Die Inspiriertheit dieses Buches indes bricht inmitten von Ereignissen hervor, die das Buch Ester aus ihrer immanenten Motivation, nach der Zwangsläufigkeit und dem Zufall (*purim*) des Schicksals, erzählt. In der Einsetzung Mordechais und Esters in die Liturgie, was bedeutet, daß diese Ereignisse als Ereignisse der Heiligen Geschichte verstanden werden, liegt der wundersame Mehrwert ihrer Zugehörigkeit zum göttlichen Plan. Die historische Ordnung – die etablierte Ordnung – erwacht am Höhepunkt des Dramas zur ethischen Ordnung, als Ester die gänzlich geregelte und reglementierte höfische Situation durcheinanderbringt und, um andere Menschen zu retten, ihren eigenen Untergang in Kauf nimmt. Umsturz der Ordnung, oder Erwachen, mit dem die Schlaflosigkeit des Königs korrespondiert. Gleicht nicht ein Midraschtext des

Traktats *Megilla* die Schlaflosigkeit des Königs Ahasver der Schlaflosigkeit Gottes an, als breche durch diese Unmöglichkeit zu schlafen im Sein die absolute Wachsamkeit oder die absolute Nüchternheit auf?

Nicht weniger bemerkenswert ist der zweite Text (XIII), in dem die Epiphanie Gottes in der Erscheinung eines Menschenantlitzes beschworen wird. Im Antlitz bricht die unaufhebbare transzendente Differenz auf zwischen dem mir Gegebenen, von mir Verstandenen, zu meiner Welt Gehörenden und demjenigen, was mir in der so konstituierten Ordnung entgeht, was mich beunruhigt und mich wachrüttelt.

Das dritte Moment (XIV), die Umwandlung der Gabe des Zehnten: Ist sie nicht eine Verwandlung des Gebens selbst in eine Großzügigkeit, die Vertrauen in die Institution hat, bei der jedoch der Geber vom Begünstigten und dessen Dankbarkeit nichts erfährt? Und ist das nicht eine der Bedeutungen des Kultes? Was die »Freidenker« als Verpflichtetsein gegenüber einem leeren Himmel zu verspotten versucht sind, ist, auf rätselhafte Weise, die absolute Öffnung der Seele. Die Öffnung des »Des-inter-esses«[10], der Uneigennützigkeit, des Opferns ohne Gegenleistung, der Rede ohne Echo, die Voraussetzungen des »Gottvertrauens« und des Gebetes sind. Die Öffnung hin zum Unendlichen, das durch keinerlei Antwort seine Existenz beweisen kann außer durch sein eigenes psychologisches Übermaß. Dies ist die Fülle, der die Lippen nie gerecht werden können, nach der so merkwürdigen rabbinischen Auslegung des Endes von Maleachi 3, 10. Jenseits der Rede Fülle der Gegenleistung in der Fülle des Gebens.

Haben wir in der Inspiration – dem Anderen im Selben, dem Anderen, das das Selbe belehrt oder wachrüttelt – zu Recht die Spiritualität des Geistes gesehen? Haben wir zu Recht in der Ethik, auf der Ebene des Gerichtes, dieser Versammlung von Gerechten, den Atem des Geistes geortet? Hätten dazu als Inspiration nicht die Vernunftgründe der reflektierenden *Vernunft* interpretiert werden müssen, in denen die Philosophie in ihrer Logik die Herrschaft der Identität erkennt, die von nichts *Anderem* getrübt oder gelenkt werden kann?

Nun, gerade das ist es, was uns der Schlußteil unseres Textes nahelegen will. Hier sind drei Stellen, die jeder Bibelleser kennt: In der ersten (XVI) gibt Juda, Jakobs Sohn, die Haltlosigkeit seiner Beschuldigung Tamars zu (Gericht Sems). In der zweiten (XVII) erkennt das Volk Israel die Uneigennützigkeit des Propheten Samuel, seines Richters, an (Gericht Samuels). In der dritten (XVIII) erkennt der König Salomo zwischen zwei Frauen, die sich um ein Kind streiten, welche die Mutter ist (Gericht Salomos). Drei Situationen, bei denen die Gemara die Stimme des Himmels einführt. Gewiß, diese Stimme dringt ein ins Gericht, ist aber denjenigen Stimmen zu entnehmen, die bei erster – und bei letzter – Lektüre des Textes menschliche Stimmen sind: derjenigen Judas, der seinen Irrtum erkennt; der des Volkes, das bezeugt; der des Königs, der richtet. Und schon das ist bemerkenswert: Die Stimme Gottes ist eine menschliche Stimme, Inspiration und Prophetie im Sprechen der Menschen.

Die Gemara verfolgt gewiß hartnäckig die Absicht, in den Worten, denen die Stimme Gottes zu »entnehmen« ist, Mehrdeutigkeiten und »Unsicherheiten« festzustellen, obgleich die von der – naiv gelesenen – Bibel offensichtlich Menschen zugeschriebenen Äußerungen denkbar eindeutig sind.

Doch es ist auch die Gemara, die ihren eigenen Argumenten Skepsis entgegenstellt (XX und XXI): Lassen sich das Geständnis dessen, der im Unrecht ist, das einmütige Zeugnis eines Volkes, die Weisheit eines Richters nicht auch durch pure Vernunft erklären? Und dennoch besteht das Schlußwort darin, sich auf eine Tradition zu beziehen (XX), die die »Stimme des Himmels« bezeugt. Vermutet die Gemara also nicht eine unüberwindliche Vieldeutigkeit im Ausüben der puren Vernunft? Jeder Logos bedürfe der Inspiration! In jedem rationalen Beweisgang, meint sie, gibt es Differenz und Trauma, Belehrung und Wachrütteln! Ein väterliches, nicht entfremdendes »Anderes« in jeder Identität! Wir kommen hier zum ursprünglichen Thema des transzendenten Elements als Innerstem der Entscheidung des Gerichtes zurück: zum Eindringen des Göttlichen in die Welt vermittels der menschlichen Prophetie oder zur Bewahrung der göttlichen Dimension der Ausrottung und der Differenz zwischen göttlichem Willen und menschlichem Willen, selbst nach der Humanisierung der göttlichen Strenge.

Der religiöse Geschmack der Moderne

Darf ich Sie zum Schluß noch einmal bitten, die wunderbare Kühnheit des Satzes zu bestaunen, der eine Art Scharnier unseres Textes ist (X): »Wer ist dort oben gewesen, zurückgekommen und hat berichtet?«

Das Ende einer bestimmten Theologie und einer bestimmten Religion. Die ganze Befreiung des modernen Menschen, aber auch sein ganzer trübseliger Lebensüberdruß (der *Ennui*), den es zu überwinden gilt. Hellsicht, die manch einen Diskurs unerträglich macht, in dem kindisch gesprochen wird, als wäre jemand wirklich von dort oben zurückgekehrt, um uns zu erzählen, was dort vor sich geht, und als wäre der Mythos von Er dem Pamphylier, den Platon im zehnten Buch des »Staates« erzählt, ein Reisebericht. Vor allem aber: als wäre Transzendenz nur ein Informationsaustausch mit einer jenseitigen Welt oder auch eine im Jenseits gemachte Erfahrung, die das Bündel unserer Kenntnisse bereicherte, uns aber dasselbe, das identische Wesen bleiben ließe, bestärkt in seiner Identität durch seine Erfahrungen, die als Erfahrungen synthetisiert und synchronisiert werden.

Und welch tiefe Mehrdeutigkeit in der Antwort, die uns zum Kommentieren der Schrift zurückverweist! Ist die Antwort nicht ebenso ironisch wie sie fromm ist? Bahnt sich das transzendente Verhältnis durch die Bemühungen des Menschen seinen Weg? Jene außerordentliche Offenbarung vom Sinai, die Stimme Gottes, die im Sturm ertönt, die aber nicht mehr überzeugend sein soll, ersetzt man durch einen pedantischen Kommentar, der womöglich allen weltlichen Irrtümern ausgesetzt ist, durch einen Berg von Papier! Wird der unerforschliche Himmel ausgerechnet auf den Bänken der *Jeschiva* aufreißen, wo man Kommentare zu Kommentaren kommentiert, die genau zu jenem Text der Offenbarung Stellung nehmen, auf den sich die Frage Rabbi Josefs bezieht und dessen Abhängigkeit von den historischen Ereignissen und Erfahrungen, in die er eingeordnet werden müsse, andere Gelehrte seit langem behauptet haben?

Ein ironisches Moment, das man nicht zu sehr auf die leichte Schulter nehmen sollte. Unser Denken, das der modernen Menschen, ist davon durchdrungen; es läßt innehalten, und sei es nur für einen Augenblick. Ironie, die gewiß gerechtfertigt ist, wenn die Auslegung der Heiligen Schrift sich darauf versteift, das Eindringen irgendeines *Himmels* mit dem Elan der traditionellen Gottesbeweise erforschen zu wollen. Ironie, die auch die kritischen Leser aufs Korn nimmt, die den Sinn des *Buches* ausreichend erfaßt zu haben glauben, wenn sie dessen falsche Ausblicke ins Jenseits entlarven; auch für sie bedeutet Transzendenz noch einen Informationsaustausch mit Gott oder eine übernatürliche Erfahrung. Weil sie in das Untergeschoß der Sprachzeichen hinabgestiegen ist, hat die Bibelkritik bei diesem künstlichen, ihr aber scheinbar ausreichenden Licht philologische Gewißheiten, einschließlich des Wunsches, aus der Höhle herauszugelangen, verloren.

Angesichts der Überfülle der gedruckten Dokumente, die wir verwenden, haben wir vielleicht verlernt, was es heißt zu lesen; wir kennen nicht mehr den Unterschied zwischen *Buch* und Dokumentation: die Inspiration, die sich von allen Ereignissen und »Erfahrungen«, die ihr als Anlaß dienten, reinigt, um sich darzubieten als Heilige Schrift, bei der jede Seele zur Exegese angehalten ist: Exegese, geregelt gleichermaßen durch genaue Textlektüre wie durch die Einzigartigkeit – einzigartig in alle Ewigkeit – ihres Anteils daran als Seele, der ja auch ihre Entdeckung, ihre Teilhabe ist. In diesem Sinn hat ein großer Meister uns gelehrt zu lesen: »Gib uns unseren Anteil an deiner Tora.«

Ironie, die kein Euphemismus für Verneinung ist. Sie drückt Scham aus, die Scham wegen einer wechselnden geistigen Einstellung und sogar einer Folge von Wechseln der Einstellung gegenüber den Buchstaben der Schrift. Mal bewahren sie – für diejenigen, die daran glauben, und für diejenigen, die darüber spotten – die dogmatische Vorstellung von einer höheren Macht, die ins Natürliche eingreift; und mal verstören sie die einen wie die anderen, indem sie sie aus dem Gewohnten wachrütteln. Und in diesem Herausrütteln ein Wechsel der Bewegungen: vom traumatischen Zustand hin zu Literatur und Grammatik, die bereits wieder die Ordnung herstellen, und dann wieder von der Philologie zu einem übereinstimmenden Sinn, der aufs Neue berührt und verunsichert, der uns aus dem Schlummern im Bett der natürlichen, schützenden und versichernden Voreinstellungen holt und herausreißt. Ein Schwanken, in dem nicht nur unser schwacher Glaube der Zögernde ist, sondern die Diachronie einer Seele, die sich in der Synchronie der Synthesen beengt fühlt. Die Transzendenz der Inspiration kann in der Synchronie nicht bewiesen werden, ohne sich dadurch gleich selbst zu widerlegen.

In diesem Schwanken, dieser Diachronie zerfällt auch der Humanismus der Renaissance, der des Menschen als eines höheren natürlichen Wesens, das übernatürliche Erfahrung empfängt und in Frage stellt; in ihm zeigt sich eine Menschlichkeit, deren Geist Inspiration oder Prophetie ist. Prophetie, die nicht bloß eine glückliche, dem Zufall zu verdankende Begabung des Geistes ist, eine »Genialität«, sondern seine ureigenste Spiritualität*: Berührtsein durch sich und andere; Prophetie, die stärker ist als die erwartende Rezeptivität; ein Zuhören und ein Verstehen, das die Hörfähigkeit übersteigt; die am tiefsten vergrabene, unmögliche Möglichkeit – oder das Wunder – des menschlichen Daseins und vielleicht genau die Art und Weise, auf die der Geist die Natur durchdringt.

* Es geschieht gewiß in diesem Sinne, wenn der Prophet Amos (3, 8) seine Prophetengabe seinem Gehör zuschreibt: »Der Ewige redet, wer sollte nicht Prophet werden?« Doch Vorsicht vor den falschen Prophezeiungen! Vorsichtiger als Amos wünscht der größte aller Propheten, als er erfährt, daß »Eldad und Medad im Lager in Verzückung geraten sind«, in Numeri (11, 29), alle Menschen, die ihr anthropologisches Wesen ausschöpfen (»das ganze Volk des Ewigen«), mögen prophezeien. Das ist ein Wunsch und ein Bittgebet wie die weiter oben zitierte liturgische Formel. Die Menschen brauchen Lehrer, Schulen, Philologie und Geschichte. Ist doch die Gefahr der falschen Prophezeiungen mit Sicherheit kein ausreichender Grund, Höhlenbewohner zu bleiben.

Anmerkungen des Übersetzers

1 Betonung: Mischná. Zu hebräischen und sonstigen Fachbegriffen siehe das Glossar im Anhang.

2 Lazarus Goldschmidt (*Der Babylonische Talmud*, neu übertragen von Lazarus Goldschmidt, 12 Bände, Berlin 1929-36) übersetzt hier: »Vielmehr mußt du sagen, wir entnehmen dies durch Auslegung eines Schriftverses« und merkt dazu an: »Sobald sich ein Schriftvers als Stütze dafür findet, so gilt dies als Zustimmung des himmlischen Gerichtes.«

3 Levinas schreibt hier »Eliezer«, in: *L'au-delà du verset,* Paris 1982, S. 140 f., aber »Elazar« beim Zitieren der gleichen Talmudstelle. Ich folge in diesem Falle L. Goldschmidt, der »Eleazar« schreibt.

4 Im Original: *force qui va*: »Macht, die unaufhaltsam ihren Weg geht – voranschreitet – Kraft in ihrem Vormarsch«; Zitat aus Victor Hugos Drama *Hernani.*

5 *reduzierbar:* »Reduzieren« ist der Husserlsche *terminus technicus* für die »Aufhebung« eines Gegenstandes durch die »phänomenologische Reduktion«, bei der das Sein des Gegenstandes quasi »eingeklammert« und die Sache von einem technischen Standpunkt betrachtet wird, um vorphilosophische Gewißheiten auszuschalten und durch Bewußtmachen des Erkenntnisvorgangs letztlich »zu den Sachen selbst« zu kommen. Jeder Gegenstand kann »reduziert« werden, aber für Levinas eben nicht der Andere, der nicht vom Subjekt konstituiert wird und mich statt dessen mit einem ethischen Anspruch konfrontiert.

6 *petitio principii:* Logischer Fehlschluß, bei dem das zu Beweisende innerhalb des Beweises bereits vorausgesetzt wird.

7 Meta-*pher:* von griech. *phero* bzw. *phoreo* (vgl. im Französischen meta-*phore*): tragen. Daher hier das Wortspiel mit »tragen«.

8 *Region:* Husserlscher Begriff. Edmund Husserl teilt die Bereiche der vom Bewußtsein erschlossenen Wirklichkeit bzw. Welt in »Regionen« ein, denen »Regionalontologien« entsprechen, mit denen die Einzelwissenschaften gemeint sind.

9 *Präsenz:* Husserlscher Begriff für die ver-*gegenwärt*-igte (ap-*präsen*-tierte), vorgestellte Welt – ob Gegenwart, Vergangenheit oder Zukunft –, die ich in der Vorstellung immer als *Gegenwart* erlebe. In dieser Präsenz gibt es für Levinas keinen echten Zugang zum Anderen, der sich nur in der Diachronie (= historische Zeit, im Gegensatz zur Synchronie, dem Zeitquerschnitt) des ethischen Verhältnisses erfahren läßt.

10 *Des-inter-esse:* Wortspiel mit dem lat. *esse* = Sein und *inter* = zwischen: Die Aufhebung der Anonymität des von Heidegger so bezeichneten Seins durch die personale Beziehung (das Bubersche »Zwischen«) bedeutet für Levinas: nicht vom *Interesse* geleitet sein, Uneigennützigkeit, Selbst-losigkeit. Wortspiel *gegen* die Bedeutung des französischen Wortes »désintéressement« = Gleichgültigkeit, um die es sich hier gerade nicht handelt (vgl. Kap. 1,2 und 5,3 des Werkes *Autrement qu'être ou au-delà de l'essence,* Den Haag 1974 bzw. *Jenseits des Seins oder anders als Sein geschieht,* aus dem Französischen von Th. Wiemer, Freiburg / München 1992).

Zweite Lektion

Im Staat den Staat überschreiten

Vorgetragen beim
29. Kolloquium der Jüdischen Intellektuellen

Traktat Tamid, 31b-32b

Alexander von Makedonien stellte den Ältesten des Negev zehn Fragen.*

Er fragte sie, ob die Entfernung vom Himmel zur Erde größer sei als die von Osten nach Westen. Sie antworteten: Von Osten nach Westen ist sie größer. Wisse, wenn die Sonne im Osten steht, können sie alle im Westen mit Augen ansehen, und wenn sie im Westen steht, können alle im Osten sie ansehen. Doch wenn sie in der Mitte des Himmels steht, kann niemand sie mit Augen ansehen. Die Weisen dagegen denken, die beiden Entfernungen seien gleich, denn es heißt: »So hoch wie der Himmel über der Erde, so groß ist Seine Güte für diejenigen, die Ihn fürchten; so fern der Orient vom Okzident ist, so fern läßt Er unsere Sünden von uns sein« (Psalm 103, 11). Warum kann niemand die Sonne ansehen, wenn sie in der Mitte des Firmamentes steht? Weil absolut nichts die Sicht behindert.

Was wurde zuerst geschaffen, der Himmel oder die Erde? Antwort: der Himmel, denn es heißt: »Am Anfang schuf Gott den Himmel und die Erde« (Genesis 1, 1).

Er fragte sie: Was wurde zuerst geschaffen, das Licht oder die Finsternis? Man antwortete ihm: Diese Frage ist noch nicht entschieden. Warum haben sie ihm nicht geantwortet, daß die Finsternis zuerst erschaffen worden sei? Die Ältesten dachten, Alexander könnte sie dann danach fragen, was darunter, was dahinter und was davor sei. – Aber dann hätten sie ihm ja nicht auf die Frage nach dem Himmel antworten dürfen! Anfangs dachten sie, er würde sich mit dieser Frage

* Textvorlage ist die ausgezeichnete Übersetzung der *Haggadot des Babylonischen Talmud* von Arlette Elkaim-Sartre, Paris 1982, Seiten 1344-1347.

begnügen und keine weiteren in dieser Art stellen. Als er aber die Frage nach Licht und Dunkelheit stellte, beschlossen sie, ihm nicht weiter zu antworten, aus Furcht, er könne sie in der Tat fragen, was denn darüber und was darunter, was darinnen und was außerhalb sei.

Er fragte sie: Wie definiert man einen Weisen? Sie antworteten ihm: Der Weise ist derjenige, der voraussieht, was kommt.

Er sagte zu ihnen: Was nennt ihr stark? Sie sagten: Denjenigen, der seinen bösen Trieb beherrscht.

Er sagte zu ihnen: Was nennt ihr reich? Sie antworteten: Denjenigen, der mit dem Los zufrieden ist, das ihm zufällt.

Er fragte sie: Was muß man tun, um zu leben? – Sterben. – Und was muß man tun, um zu sterben? – Leben.

Er fragte sie: Was muß man tun, um sich beliebt zu machen? – Die Macht und die Autorität hassen. – Ich habe eine bessere Antwort als eure. Man muß die Macht und die Autorität lieben und sie nutzen, um den Menschen Gefallen zu tun.

Ist es besser auf dem Meer oder auf dem Land zu wohnen? – Auf dem Land, denn alle, die sich aufs Meer wagen, finden ihre Ruhe erst wieder, wenn sie auf festem Boden gelandet sind.

Wer von euch ist der Weiseste? Wir sind alle gleich, denn wir haben alle auf deine Fragen wie ein Mann geantwortet.

Warum seid ihr gegen uns? Sie antworteten nur: Der Satan ist Sieger. Er ist immer Sieger. – Ich kann euch hinrichten lassen, allein durch einen königlichen Erlaß! – Die Macht liegt beim König, aber es steht einem König schlecht an zu lügen. Darauf umwand er sie sogleich mit Purpur und hängte ihnen goldenen Schmuck um den Hals.

Alexander teilte den Weisen mit, er wolle sich nach Afrika begeben. – Das wirst du nicht können, denn die Berge der Finsternis werden dich aufhalten, antworteten sie ihm. – Das genügt nicht, um mich am Aufbruch zu hindern. Habe ich euch gefragt, ob ich aufbrechen soll? Sagt mir lieber, wie ich es anstelle, dorthin zu gelangen. – Nimm libysche Esel, die im Dunkeln laufen können, und Garnknäuel, die du am Wegesrand festbinden wirst. Das wird dir auf dem Rückweg helfen.

Er befolgte die Ratschläge und brach auf. Er erreichte ein Dorf, in dem nur Frauen wohnten. Er wollte gegen sie einen Kampf beginnen, aber sie sprachen zu ihm: Wenn du uns umbringst, wird man sagen, du hast Frauen massakriert. Wenn wir dich töten, wird es heißen, ein König hat sich von Frauen töten lassen. Da sprach er zu ihnen: Bringt mir Brot. Sie brachten ihm ein goldenes Brot auf einem goldenen Tisch. – Essen Menschen etwa goldenes Brot? staunte er. – Wenn du gewöhnliches Brot wolltest: Gibt es das nicht bei dir, so daß du hierher kommen mußtest? Als er aufbrach, ließ er am Stadttor eine Inschrift anbringen: Ich, Alexander von Makedonien, war ein Narr, bevor ich in dieses Land der Frauen in Afrika kam und von ihnen belehrt wurde.

Auf dem Rückweg setzte er sich an eine Quelle und aß Brot. Er hatte gesalzenen Fisch bei sich. Als er gewaschen wurde, entströmte ihm angenehmer Duft. Ein Beweis dafür, sagte er sich, daß diese Quelle aus dem Garten Eden kommt. Manche sagen, er sei an der Quelle entlang bis zum Garten Eden gegangen. Er kam an und sagte: Öffnet mir die Tür. Er bekam zur Antwort: »Das ist die Pforte des Ewigen: die Gerechten werden sie durchschreiten« (Psalm 118, 20). – Ich bin König, ich bin eine wichtige Persönlichkeit! Gebt mir irgend etwas, sagte Alexander. Man gab ihm einen Augapfel.

Er wog ihn gegen all sein Silber und Gold, aber all das zusammen wog nicht so viel wie der Augapfel. – Was ist los? fragte Alexander die Rabbanan. – Das ist das Auge eines Menschen, es ist unersättlich. – Woher wißt ihr, daß es so ist? – Bedecke es mit ein wenig Staub, und es wird leicht werden, denn es heißt: »Das Totenreich und der Abgrund sind unersättlich; die Augen des Menschen ebenfalls« (Sprüche 27, 20).

Rabbi Chijja hat gelehrt: Wer immer des Nachts die Tora studiert, steht der *Schechina* Aug in Aug gegenüber, denn es heißt: »Ich habe den Ewigen allezeit vor Augen« (Psalm 16, 8), und »Steh des Nachts auf und schreie zu Beginn jeder Nachtwache ... vor dem Antlitz des Herrn« (Klagelieder 2, 19).

Rabbi Eliezer hat im Namen Rabbi Chaninas gesagt: Die Schüler der Weisen vermehren den Frieden der Welt, wie es heißt: »Alle deine Söhne werden Schüler des Ewigen sein, und groß wird sein der Frieden deiner Söhne« (Jesaja 54, 13).

Die Begegnung Alexanders von Makedonien, Alexanders des Großen, jenes Eroberers und Herrn eines Weltreiches, der das politische Denken bis zu Ende – oder wenigstens bis in eins seiner Extreme – gedacht hat, mit den »Ältesten des

Negev«, wie man in unserem Text seine jüdischen Gesprächspartner nennt, schien mir, wegen der zwischen ihnen gewechselten Worte, wie sie die Talmudgelehrten verstanden haben oder wie sie sie logisch postulieren, der Aufmerksamkeit dieser letzten Stunden unseres Kolloquiums wert zu sein.

Selbstverständlich darf der Text auf der Seite, die an Sie verteilt worden ist, nicht als authentisches Wortprotokoll einer historischen Zusammenkunft, als hätte sie genau so stattgefunden, verstanden werden. Was uns heute in erster Linie interessiert, ist die von diesem ehrwürdigen Fragment vermittelte Lehre – wann auch immer sie niedergelegt worden sein mag –, und ihr wollen wir uns nun zu nähern versuchen.

Beginnen wir mit der Lektüre:

> Alexander von Makedonien stellte den Ältesten des Negev zehn Fragen.
> Er fragte sie, ob die Entfernung vom Himmel zur Erde größer sei als die von Osten nach Westen. Sie antworteten: Von Osten nach Westen ist sie größer. Wisse, wenn die Sonne im Osten steht, können sie alle im Westen mit Augen ansehen, und wenn sie im Westen steht, können alle im Osten sie ansehen. Doch wenn sie in der Mitte des Himmels steht, kann niemand sie mit Augen ansehen.

Die Mittagssonne in der Mitte des Firmamentes blendet uns, weil sie ganz nahe an unseren Augen ist. Dagegen mildert sich der Sonnenglanz, wenn sie im Osten aufgeht oder im Westen untergeht, und kann angeschaut werden, weil er angeblich aus größerer Entfernung kommt, als es der Höhe des Kosmos entspricht. Das Universum ist in der Höhe kürzer als in der Länge. Ist das kindliche Optik oder kindliche Logik? Verrät die Frage Alexanders, der die Dimensionen des Universums quantitativ vergleichen will, wirklich nur Unreife? Entspringt sie nicht einer gewissen Sorge des Tatmenschen? Hört man aus ihr nicht die Beunruhigung der Macht und sogar der staatsmännischen Politik heraus, die des Eroberers, der die Wege des Universums kreuzt bzw. abschreitet? Die einer Politik, die zum Imperialismus greifen muß, zu Boten, die die Entscheidungen des Oberkommandos und der Zentralverwaltung weithin tragen? Zu spüren jedoch, bereits hier, das ganze Gewicht des Horizontalen in den alltäglichen Wegen der Menschenmassen zu ihrer Arbeit. Neben oder hinter den marschierenden Militärkolonnen.

Priorität der horizontalen Linien, der Linien der Effizienz, und, ungeachtet der Entfernungen und Hindernisse, die ganze Großartigkeit der Bahnen, der Pfade und Straßen – der Wege und somit des Geistes. Zur Vertikalen, zur Höhe, strebt nur die Kontemplation. Ein Wissen, das sich weder bewegt noch zupackt. Die Höhe, die Vertikale, das ist die Phantasie, die Poesie, der Traum. Ohnmächtige, ungewisse Bewegung. Mehr Sinn, mehr zu tun und zu bekommen, mehr zu gewinnen gibt es in jenen horizontalen Ortswechseln. Man kann sie mit Gewalt und mit Gesetzgebung regeln. In der Machtlosigkeit der Kontemplation, die ihren Blick auf die Himmelsräume richtet, wäre also nichts zu greifen, nichts zu begreifen außer dem Tod des Ikarus. Die für den Menschen nützliche Höhe ist immer sehr kurz! Daher diese erste Antwort an Alexander, die dem Eroberer, der während seiner erstaunlich friedlichen Durchquerung des Landes Israel die Ältesten des Negev befragt, zweifellos gefällt. Erste Antwort, schmeichelhaft für den Eroberer und den Staatsmann: Die horizontale Distanz von Ost nach West ist entschieden größer – aber auch einträglicher – als jene, die von der Erde zum Himmel führt. Primitive Weisheit, Weisheit des gesunden Menschenverstandes, Weisheit des gemeinen Menschenverstandes.

Doch zugleich schon eine andere Antwort, eine unterdrückte Antwort: die Antwort anderer Weiser, die weiser – oder weniger weise – als die Weisen sind, die der Weisen, die in der Schrift nachsehen, was da steht.

Die Weisen dagegen denken, die beiden Entfernungen seien gleich, denn es heißt: »So hoch wie der Himmel über der Erde, so groß ist Seine Güte für diejenigen, die Ihn fürchten; so fern der Orient vom Okzident ist, so fern läßt Er unsere Sünden von uns sein« (Psalm 103, 11).

Der Psalmvers belehrt sie, beide Entfernungen seien gleich. Ist nicht jede von beiden dem Abstand gleich, durch den Gottes Güte diejenigen, die Ihn fürchten, von der Sünde fernhält? Die Weisen, die weiser als die ersten Weisen sind, begnügen sich also nicht mit jener Antwort auf die erste Frage Alexanders des Großen, der Antwort, die von der Reflexion über den uns nicht möglichen Blick auf die Mittagssonne und über den problemlosen Blick auf die Morgen- und Abendsonne abgeleitet ist. Der Psalmvers führt die Maße der Welt auf eine andere Dimension zurück. Reine Geometrie und reine Optik reichen zur wahren Entwicklung der Wirklichkeit und der sie tragenden Energien nicht aus. Länge mal Höhe: geradliniges Universum. Auf den irdischen Wegen, in den Straßen der Stadt, nähern sich die versprengten Menschen einander an und begegnen sich. Doch schon entfernen sie sich wieder voneinander, in der hinterhältigen List, im heimlich lauernden Haß, im heimlichen Mord der Sünde. Entfremdung der menschlichen Identitäten, die sich im Bruch mit den anderen von sich selbst entfernen. Dies alles muß wieder aufgerichtet, vergolten, vergeben, Recht und Gerechtigkeit wiederhergestellt werden. Da wird die Höhe gebraucht. Die wahre Höhe ist diese Erhöhung durch die Güte, die den gestörten Frieden durch die Beziehungen zwischen den Menschen wiederherstellt. Die Metaphorik dieser Höhe hat einen anderen Sinn als ihre Geometrie. Sie ist der Ort, an dem Gott gedacht wird. Die Gnade Gottes ist kein verächtlicher Blick von oben nach unten, der auf den ohnmächtigen Blick von unten nach oben antwortete. Sie ist die volle Kraft der Barmherzigkeit, welche die Gewissen, die sich auch von sich selbst entfernt haben, »ent-entfremdet«. Sie führt die Menschen zusammen. Und so gesehen muß der Abstand von der Erde bis zum Himmel dem von Ost nach West gleich sein. Der Psalm 103, 11 bekräftigt es, indem er von den Sünden spricht. Die Güte Gottes steht so hoch wie sie stehen muß, damit ihre Strahlen all diejenigen Wege erfassen, auf denen sich die Menschen, die von der Sünde versucht werden, bewegen. Wird sich nicht auch Alexander der Große, er, der so viele verbotene Wege verfolgt hat, am Schluß unseres Textes für die Wohlgerüche des Paradieses empfänglich zeigen?

Doch nur die erste Version der Antwort der Weisen auf die erste Frage Alexanders, diejenige, die das Argument der Sonne, die dem Blick unzugänglich sei, vorbringt, wird dem makedonischen Eroberer mitgeteilt.

Woher kommt aber – folgt man der zweiten Version – dann dieser blendende Glanz?

> Warum kann niemand die Sonne ansehen, wenn sie in der Mitte des Firmamentes steht?

Antwort:

> Weil absolut nichts die Sicht behindert.

Nichts drängt sich zwischen uns und die Sonne. Die Unmöglichkeit, die Sonne in den Blick zu nehmen, beweise nicht ihre Nähe, sondern die vollkommene Leere des Raumes, der alle Strahlen der Sonnenglut durchläßt. Die Höhe ist keine geometrische Größe. Der astronomische Himmel ist leer von Göttern. Und morgen werden unsere Flugmaschinen und Raketen ihn durchqueren und sich aneignen.

Zweite Frage:

> Was wurde zuerst geschaffen, der Himmel oder die Erde? Antwort: der Himmel, denn es heißt: »Am Anfang schuf Gott den Himmel und die Erde« (Genesis 1, 1).

Eine Antwort, die sogleich einen Bibelvers heranzieht!

Eine Frage Alexanders des Großen, des Schülers von Aristoteles, der, über die metaphysische Alternative Geschaffenheit oder Ewigkeit der Welt hinaus, nach dem ursprünglichen Sinn des Seins als Sein fragt. Wächst alles von der Erde empor? Kommt alles vom Himmel herab? Ist Demut notwendig, damit das Sein sei, oder muß es, noch bevor es ist, die Bedingtheit des Seins bereits überwunden haben? Die Antwort verweist von vornherein auf den Bibelvers. Den Himmel *et cetera.* Zweifellos zuerst genannt: der Himmel. Und man kann in den Weisen, die sich so entscheiden, die Schule oder das Haus Schammais erkennen, im Gegensatz zu der Schule oder dem Haus Hillels. Es ist vielleicht von Interesse, hier an die Diskussion zwischen Hillel und Schammai zu erinnern, die das rabbinische Denken durchzieht, »aufbaut« und strukturiert. Beide Schulen sind Wort des lebendigen Gottes. Keine Endlichkeit der offenbarten Weisheit soll sich hier in diesem Streit abzeichnen. Er bedeutet, daß die Tora, die vom Talmud »Krieg der Weisen« oder der »Weisheits-Schüler« genannt wird, lebendig ist. Die unzählbaren Aspekte des absolut Wahren leben in den rabbinischen Disputen oder Debatten und verhindern Dogmatismus und Häresien. Das Haus Hillel lehrt uns, entgegen dem Schammais, die Erde sei zuerst geschaffen worden. So will es der Vers der Genesis 2, 4: »...am Tag, als Gott Erde und Himmel machte...«, die Erde wird zuerst genannt. Die Weisen Israels versöhnen die zwei Häuser, indem sie Jesaja 45, 12 zitieren: »Und meine Rechte, die den Himmel gespannt, und meine Hand, die die Erde gegründet hat« – der Schöpfer hat mit seinen eigenen Händen Erde und Himmel gleichzeitig geschaffen. Die Ältesten des Negev antworteten, wie Schammai, als radikale Spiritualisten. Was wollen Sie, Alexander der Große ließ es sich gefallen. Sicher war er selbst Spiritualist!

Dritte Frage:

Er fragte sie: Was wurde zuerst geschaffen, das Licht oder die Finsternis? Man antwortete ihm: Diese Frage ist noch nicht entschieden.

Licht oder Dunkelheit am Anfang, eine sicherlich noch radikalere Frage als die nach Himmel und Erde. Eine Alternative, die tiefer ist als die von Materie und Geist. Eine Frage, die sich dem Spiritualismus selbst stellt. Was versteht man letztlich denn unter Geist? Man soll sich geweigert haben, ihm zu antworten! Ich glaube, hinter dieser Verweigerungshaltung steckt mehr als nur die Verlegenheit, wie sie eine verfrühte Frage auslöst.

Daß die Erschaffung des Lichtes eine vorherige Dunkelheit voraussetzt und damit das ältere Recht der Finsternis, daß aber die Finsternis keinen Sinn hat ohne die Helligkeit des Geistes, ist vielleicht das ganze Problem, die Frage, »die noch nicht entschieden ist«, die Frage der Möglichkeit oder Unmöglichkeit des Irrationalen. Schon macht es sich durch Klopfen an die Türen der Vernunft bemerkbar und widerruft damit seine eigene Unvernunft, bleibt aber trotzdem draußen und klopft.

In unserem Text läßt sich auch eine weniger tiefe und weniger paradoxe Ebene dieser Situation belegen. Die gestellte Frage sei nicht gelöst, sagen die Ältesten des Negev: Die Umstände der Lösung sind noch nicht reif genug, um öffentlich und jederzeit über Metaphysik oder Kabbala diskutieren zu können. Die Kabbala ist noch nicht, wie es heute in Paris der Fall ist, aller Welts Sache! Die letzten Fragen werden in verschwiegenen Dialogen oder sogar im Denken eines Einzelnen behandelt. Im übrigen reicht ein politischer Verstand nicht über gewisse Grenzen hinaus. Sie zu überschreiten ist schlecht für diesen Verstand und gefährlich für die Politik.

Unser Text bleibt auf dieser Ebene der Vorsicht, als er die Weigerung zu antworten, mit der die Ältesten des Negev der dritten Frage Alexanders des Großen entgegnen, erklärt.

> Warum haben sie ihm nicht geantwortet, daß die Finsternis zuerst erschaffen worden ist? Die Ältesten dachten, Alexander würde sie dann danach fragen, was darunter, was dahinter und was davor sei.

Erzählt die Bibel nicht in der Tat die *Erschaffung* des Lichtes, was auf eine Priorität der Finsternis schließen ließe? Aber die Ältesten haben geschwiegen. Sie wußten, daß es kein Ende haben würde, wenn sie mit solchen Fragen anfingen.

Kabbalistische Fragen. Unendliche Fragen in diesen angeblich letzten Fragen. Aber warum waren die Ältesten des Negev nicht schon früher mißtrauisch geworden?

> Aber dann hätten sie ihm ja nicht auf die Frage nach dem Himmel antworten dürfen! Anfangs dachten sie, er würde sich mit dieser Frage begnügen und keine weiteren in dieser Art stellen. Als er aber die Frage nach Licht und Dunkelheit stellte, beschlossen sie, ihm nicht weiter zu antworten, aus Furcht, er könne sie in der Tat fragen, was denn darüber und was darunter, was darinnen und was außerhalb sei.

Es steckt in diesem Intermezzo die Begründung des Schweigens des Weisen, es steckt darin das Aristokratische des wahren Wissens und des wahren Problems trotz allen Strebens nach Universalität. Es steckt auch Mißtrauen darin gegenüber einer Politik, die Philosophie sein will. Notwendigkeit verborgenen Denkens, nicht um sich gegen Mißgunst und gegen Komplotte zu schützen, sondern wegen seiner Subtilität, die es fragil macht und Diskretion fordert. Furcht gegenüber dem Nichteingeweihten, der nachfragt, und selbstverständlich auch Reserviertheit des echten Denkens gegenüber dem, was im Journalismus zwangsläufig vulgär bleibt. Vorsicht des echten Denkens, das von grundlegenden Wahrheiten fasziniert und sich der strengen Methoden und der raffinierten Gedankengänge seiner Forschung bewußt ist. Mißtrauen gegenüber dem, was diesem unbequemen Denken durch gleichgültige Neugier und durch Vereinfachung droht.

Vierte Frage:

> Er fragte sie: Wie definiert man einen Weisen? Sie antworteten ihm: Der Weise ist derjenige, der voraussieht, was kommt.

Der Weise sehe in der gelebten Gegenwart das Kommende voraus. Er liest das *Später* per Deduktion aus dem *Jetzt* heraus, aus der Wahrnehmung, ohne sich der dunklen Ahnung einer unkontrollierbaren Wahrsagerei hinzugeben. Die Antwort der Ältesten des Negev, die schon den Rationalismus des Abendlandes umfassend vorausahnen!

> Er sagte zu ihnen: Was nennt ihr stark? Sie sagten: Denjenigen, der seinen bösen Trieb beherrscht.

Der böse Trieb, das wäre das leidenschaftliche Ausleben der Lebewesen in ihrer Individualität; somit die einen *gegen* die anderen: Kampf ums Überleben! Und die Person des Menschen: der einzige, der sich ihrem bösen Trieb verweigern kann, der in sich selbst das Individuum beherrschen kann, mittels seiner Kraft, die somit stärker als alle anderen Kräfte wäre, eine Kraft, die den Starken definiert.

Das ist die fünfte Frage. Hier die sechste:

> Er sagte zu ihnen: Was nennt ihr reich? Sie antworteten: Denjenigen, der mit dem Los zufrieden ist, das ihm zufällt.

Bewundernswert, dieses stoische Prinzip! Die vierte, fünfte und sechste Frage Alexanders des Großen – Fragen, die von dem Text, den wir kommentieren, Alexander in den Mund gelegt werden – sind wörtlich den Seiten 10a und 10b des Talmudtraktates *Abot* entnommen. Bekanntlich gehört das Rezitieren dieses Traktates von sechs Kapiteln unter der Bezeichnung *Pirké Abot* – »Traktat von den Prinzipien« – zur Begehung des Schabbat all die Wochen zwischen Pessach und dem Monat Elul, der die Zeit der Gewissenserforschung und der Buße im liturgischen Jahr des Judentums eröffnet. Auch die Antworten auf diese drei Fragen sind dem *Pirké Abot* entnommen, außer der auf die vierte Frage. Im *Pirké Abot* wird der weise Mensch nicht als der definiert, der voraussieht, was geschehen wird. Man nennt ihn dort »denjenigen, der es versteht, vom anderen – von jedem Menschen – zu lernen.« Wir werden auf diesen Unterschied zurückkommen. Was uns zunächst wichtig ist: daß man es für möglich hält, aus dem Munde Alexanders des Großen Fragen zu hören, die den Fragestellungen und der geistigen Atmosphäre des *Pirké Abot* entspringen, ohne daß der sagenhafte Gesprächspartner gegen die Philosophie der Ältesten des Negev in diesen drei wesentlichen Punkten etwas einzuwenden hätte, während er sich doch späterhin bestimmten Gewißheiten der von ihm Befragten gegenüber verschlossen zeigen wird. Sollten wir etwa schon an einem bestimmten Stadium des jüdischen Denkens – oder des westlichen Denkens – sein, wo der Schüler des Aristoteles sich bereits der Stimme oder dem Geist der Tora zu öffnen scheint, oder zumindest – in diesem Fall – begriffen hat, wie sehr das Wunder der menschlichen Person die unvorhersehbare Tyrannei der blinden Kräfte erleuchten kann oder wie sehr das moralische Wollen der Person sich der unheilbaren Leidenschaft und der unendlichen Sogkraft des Goldes und den unaufhörlichen Versuchungen des Glücks entgegenstellen kann?

Es sei denn, diese geistige Annäherung zwischen der Welt Alexanders und der Welt Israels ist trotz allem doch weniger fortgeschritten als es uns schien... Alexander hörte von Israel nicht das Wort über jene Weisheit, die dem Menschen durch jedweden zuteil wird, dem er begegnet, die ihm zuteil wird durch jeden Menschen, der ihn schon durch sein bloßes Menschsein lehrt. Paradoxe Lehren, aber, wenn man dem *Pirké Abot* glauben darf, trotzdem Lehren der Tora, bei der Antwort auf die vierte Frage wie durch Zufall vergessen. Alexander gegenüber wurde Weisheit nur als deduktives Denken definiert, als Wissenschaft, die die Zukunft beherrscht. Weisheit – vernünftiges Denken, gewiß, abendländisches Ideal, das keine Überraschungen liebt, Charakterstärke bewundert und fähig ist, Reichtum zu verachten; das aber auch dem Schwertadel treu bleibt und nie Frieden finden wird. Erst am Ende der kommentierten Seite wird der große Alexander lernen, wie man von jedem Menschen lernen kann; von jedem Mann und sogar von einer Stadt der Frauen!

Die Aktualität dieses Unterschieds zwischen Rationalität als »Herauslesen der Zukunft aus der Gegenwart« und Weisheit, die sich von jedem neuen menschlichen Antlitz belehren läßt, muß nicht eigens betont werden. In der ersten liefert sich der Wissende der Ideologie aus, den Abstraktionen des Totalitarismus, der vom »wissenschaftlichen Sozialismus« zum Stalinismus führen kann. Der Weise der zweiten Form der Weisheit erstarrt nicht in einem System, widersteht gewaltsamen Abstraktionen, kann sich, offen für jede neue Begegnung, erneuern.

Siebte Frage:

> Er fragte sie: Was muß man tun, um zu leben? – Sterben. – Und was muß man tun, um zu sterben? – Leben.

Sterben als Weg zum Leben, und Leben als Weg zum Sterben, auf den ersten Blick eine paradoxe Weisheit, die nur Sinn ergibt, wenn Leben und Sterben gleichzeitig im wörtlichen und im übertragenen Sinn verstanden werden. Leben in der angeblichen Fülle von Projekten und Genüssen, ein sogenanntes intensives Leben der Begierden und des Ehrgeizes, des Kampfes und des Wettbewerbs zu leben, das heißt ein gefährliches, ein kurzes Leben leben, das heißt Sterben. Leben der Abnutzung, das den Tod beschleunigt. Und Tod, der nicht nur Ende des Lebens, sondern der Name ist für jedes Leben in Vorsicht und Zurückhaltung, in Mäßigung – das ängstliche Leben zu Hause, das ruhige und mittelmäßige Leben –, Tod ist vielleicht nichts anderes als Gesundheit und langes Leben. Falls Sterben nicht bedeutet, sich zu erniedrigen und somit Eifersüchteleien aus dem Weg zu gehen und im Stillen die Intrigen der Bösewichte zu überstehen, in einer mitleidslosen Lebensweise; und Leben Anmaßung bedeutet und Hochmut und somit Feinde und Gefahren und den Tod.

Doch zweifellos wollen die Worte, die Alexander der Große mit den Ältesten des Negev wechselt, mehr sagen. Das Sterben, das zum Leben führen kann, bedeutet ohne Zweifel, daß Leben, im menschlichen Sinne, nur Sinn macht jenseits des Egoismus der eigenen biologischen Wirklichkeit, daß es immer schon Leben mit anderen ist, schon jenseits seines Beharrens im Dasein, jenseits des »um jeden Preis«, das im *conatus essendi* steckt. Es will sagen, daß dieses menschliche Leben, diese Beziehungen mit anderen – wie sie auch zerbrechen und sich neu knüpfen mögen – schon Liebe ist; daß Liebe schon ein Selbstopfer ist, das in seiner wesentlichen Intention bis zum Sterben für einen anderen gehen kann. Intention, wie sie uneingestanden jede Güte eines Menschen gegenüber einem anderen erfüllt. Das also ist das Sterben, das das Leben möglich macht. Und das ist das Sterben, das alle Kräfte des Lebens erfordert, um dieser Wette auf das Sterben zu genügen.

Diese Menschlichkeit des Menschen, die es nicht ohne Opfer gibt – und diese Art, sein Leben bis hin zum Tod einzusetzen und so an der *conditio humana* teilzuhaben –, ist zweifellos ein alter Gedanke bei den Ältesten des Negev und ganz Israels. »Woher sollen wir wissen«, sagt ein alter Talmudtext (*Berakhot* 63b), »daß die Lehren der Tora nur von denen befolgt werden, die auch bereit sind, für diese Lehren zu sterben, wenn nicht aus dem Text eines Verses (Numeri 19, 14) ›Dies ist das Gesetz: Wenn ein Mensch stirbt‹?« Die Tora – also die ganze Charta des Menschlichen – durch einen »Menschen, der stirbt« zu definieren, ist nur durch eine midraschische Lektüre des Verses möglich. Bei einer solchen ist die innere Gewißheit so tief, daß sie sich auch im Buchstaben des Textes, der niemals rein zufällig ist, wiederfinden will und ausdrückt. Obwohl der wörtliche Sinn des fraglichen Verses etwas anderes sagt: »Das ist die Tora (das ist das Gesetz): Wenn ein Mensch stirbt in einem Zelt, wird er und jedermann, der in dieses Zelt geht, unrein sein mit allem, was in dem Zelt ist...«, erlaubt sich der Midrasch, die ersten acht Wörter zu isolieren und für sich zu lesen: »Das ist die Tora: Wenn ein Mensch stirbt.«

Achte Frage:

Er fragte sie: Was muß man tun, um sich beliebt zu machen?

Antwort:

Die Macht und die Autorität hassen.

Da entgegnet er:

Ich habe eine bessere Antwort als eure. Man muß die Macht und die Autorität lieben und sie nutzen, um den Menschen Gefallen zu tun.

Frage und Antwort und Replik dessen, der fragt, auf die erhaltene Antwort. Einzige Replik in diesem ganzen Verhör, was auf Zustimmung zu den bisher gegebenen Antworten hindeuten mag.

Die Einführung des Problems der Popularität in die Debatte durch Alexander bezeugt, daß die politische Autorität in seinen Augen Macht beinhaltet, die nicht auf die Anziehungskraft des Guten an sich, nicht auf ethische Tatkraft zurückzuführen ist, wie sie zum Beispiel die Werte erfüllt, die zu Beginn des Dialoges angesprochen wurden. Alexander ist fest davon überzeugt, daß die politische Autorität im Wesen einen Kern von Tyrannei enthalte, der unabänderlich willkürlich sei, so wie es der Prophet Samuel im ersten Buch Samuel 8, 11-17 anprangert. Alexander der Große fragt sich, ob diese wesentliche Gewalt des Königs sich nicht dennoch durch eine solche Verführung beliebt machen könne wie die, die er als »bessere Antwort« vorschlägt. Die Antwort der Ältesten des Negev besteht eben in der Ablehnung der Tyrannei, auch der freundlichen, und darin, die höchste Popularität allein dem Haß auf diese unabänderliche Tyrannei und auf den Staat, der sich auf sie beruft, zu reservieren. Der möglicherweise zentrale Augenblick unseres Dialogs.

Diese negative Antwort kann keineswegs bedeuten, daß für Israel – und für seine Ältesten des Negev – Staat und Anarchie eins wäre. Sie will sagen, daß die annehmbare politische Ordnung der menschlichen Angelegenheiten den Menschen nur aus der Tora, ihrer Gerechtigkeit, ihren Richtern und ihren Gelehrten erwachsen kann. Messianische Politik. Erwartung, extreme Aufmerksamkeit, und Geschichte als feierliches Wachen.

Haß auf die Tyrannei, die den »Nerv« jeder politischen Macht bildet. Mißtrauen und erhebliche Strenge einer Ordnung gegenüber, die sich nicht auf die Voraussetzungen zurückführen läßt, die aus der – theoretischen oder praktischen – Vernunft hervorgehen, die sich nicht auf Voraussetzungen zurückführen läßt, die mit der Freiheit der Person in Einklang stehen und letzten Endes Quellen dieser Freiheit sind. Haß, den die rabbinischen Kommentatoren, die am Rand des von uns kommentierten Textes auftauchen, als gegen die Freunde der Mächtigen gerichtet interpretieren, als Haß auf jene Freundschaft, die aus Schmeichelei und Denunziation bestehe, Dunstkreis aller Korruption. Haß jedoch, der auch tiefer verstanden werden kann, als gesteigerte Kritik an und Kontrolle einer politischen Macht, die aus sich selbst nicht zu rechtfertigen ist, mit der die Gemeinschaft der Menschen aber gerade wegen ihrer Vielfalt – in Erwartung von etwas Besserem – pragmatisch umzugehen gezwungen ist. Gnadenlose Kritik und Kontrolle, durch die diese faktische, nicht zu rechtfertigende, aber auch nicht zu umgehende politische Autorität ihre faktische Macht ausüben kann. Macht jedoch, die immer widerruflich und provisorisch und unaufhörlichen, regelmäßigen Umgruppierungen unterworfen ist. Zeichnen sich auf diese Weise nicht in der Ablehnung der rein tyrannischen Politik die Umrisse der Demokratie ab, das heißt die eines Staates, der für das Bessere offen ist, immer auf dem Quivive, immer erneuerbar, stets im Begriff, an die freien Subjekte zurückzufallen, die ihm ihre von der Vernunft regierte Freiheit delegieren, ohne sie aufzugeben? Und verweist der übertriebene Ausdruck »Haß« – Haß auf die Macht und auf die politische Autorität des Zwangs – nicht auf den demokratischen Staat, als denjenigen, der genau die Ausnahme von der tyrannischen Regel der politischen Macht darstellt, die ja nach den Ältesten des Negev nur Haß verdient? Doch was für ein schwieriger Weg! Welch mühsame Logik!

Jetzt kann man Alexander des Großen Antwort gut verstehen. Er schlägt eine »bessere Lösung« vor. Er hält an einem Staat fest, der auf einem Imperativ des tyrannischen Zwangs beruht, der aber unvereinbar mit der Neigung zu den Werten ist, über die die Ältesten des Negev sich mit ihm zunächst geeinigt zu haben schienen. Doch damit will er ja, über die politischen Machtmittel hinaus, die Gunst des Volkes, die er braucht, durch die Vermittlung von Philanthropen erwerben, die »Umgang mit Ministern haben«, und die die Ältesten des Negev zugegebenermaßen verabscheuen. Diese Freunde, die Philanthropen, aufmerksam auf soziale Mißstände wie sie sind, sollen eine »Politik des sozialen Fortschritts« umsetzen. Der Staat, der soziale Wohltaten verteilt, wäre somit auf einem Fundament bar jeder Großzügigkeit errichtet. Doch: Sollte der große Eroberer hier etwa einen Mangel an Realismus beweisen? Vielleicht bezeugt die Vorstellung des Satanischen, von der seine Gesprächspartner am Ende des Dialoges sprechen, ebensoviel geschichtsphilosophisches Denken wie das Denken, das den Tricks und Kniffen des schnellen Erfolges verbunden ist.

Neunte Frage:

> Ist es besser auf dem Meer oder auf dem Land zu wohnen? – Auf dem Land, denn alle, die sich aufs Meer wagen, finden ihre Ruhe erst wieder, wenn sie auf festem Boden gelandet sind.

Auf dem Meer – selige Ent-Wurzelung der Freiheit, der Geist erweckt vom Unbekannten, von den Variationen der Blickpunkte auf den Wellen, von der Begegnung mit dem anderen Menschen. Wir sollten nicht auf das Meer verzichten! Somit, Alternative: Sicherheit und Seelenfrieden durch die unumstößlichen Wahrheiten des festen Bodens unter den Füßen – oder Risiko, Gefahr und das Wunderbare des Abenteuers und der Entdeckungen. Eine Alternative, die gewiß nicht ihre Synthese im Geschick Europas ausschließt, das auf der Suche nach sich selbst ist, ein Universum, zwischen Menschen und Nationen und der Erde und dem Himmel aufgerichtet. Aber auch eines Europa, das ohne Frieden immer beunruhigt ist, das vor seinen Träumen und vor seinen Waffen erschrickt. Das Bedürfnis des festen Bodens des Friedens herrscht über die unendlichen Verheißungen des Abenteuers und der historischen Veränderung. Wie schön ist, jenseits seiner »kreativen Dauer«, das stille hellenistische

Schlußwort des »man muß innehalten«! Eine vernünftige Wahl, die die Ältesten des Negev hier treffen.

Zehnte Frage:

> Wer von euch ist der Weiseste? Wir sind alle gleich, denn wir haben alle auf deine Fragen wie ein Mann geantwortet.

Kann man die menschliche Intelligenz als Leistung eines einzelnen denken? Die allgemeine Vernunft muß von einem menschlichen Miteinander ausgehen und muß die anderen und die Universalität erreichen können. Das Miteinander hat Anteil am Ruhm des Genies. Das Lehren gehört zum Wesen des verstehendenVerstandes. Die Kommunikation ist seine Nahrung. Ohne Schülerfragen keine Antworten der Lehrenden. So ist zumindest der Weg der Tora, die immer in der Gruppe und von Männern studiert wird, die, über den Text gebeugt, einander schonungslos angehen: Einwände, Widerlegungen, Angriffe und Verteidigungen – »Kriege um die Tora« –, in denen sich Vater und Sohn unerbittlich gegenüberstehen, zurückweisen und anstoßen. Das also sind die, wenn es sein muß heftigen, für die geistige Einheit des zerstreuten Judentums aber unerläßlichen Dialoge, die keinen Dogmatismus zulassen. Der Anfang des Jeremia-Verses 50, 36, dessen wörtlicher Sinn übersetzt lautet: »Krieg denen, die mit Lügen handeln, sie verlieren den Verstand«, wird in der Midrasch-Übersetzung des Talmudtraktates *Berakhot* 63a – dank des Doppelsinns des hebräischen Wortes *badim*, das »Lügenhändler« oder »Einzelgänger« bedeuten kann: »Wehe denen, die sich beim Torastudium vereinzeln, sie verdummen.«

Elfte Frage:

> Warum seid ihr gegen uns?

Weshalb diese elfte Frage? Haben wir etwa die Fragen, von denen am Anfang zehn angekündigt waren, falsch bestimmt und falsch gezählt? Es sei denn, diese Frage, die für uns die elfte ist, ergebe sich aus den Antworten auf die zehn ersten und diene so gewissermaßen als Schlußwort des ganzen Dialoges. Sie kann bedeuten: Was bedeutet »Gegnerschaft« nach einem solchen Gespräch, das eine prinzipielle Übereinstimmung zwischen den Teilnehmern zu zeigen schien, und somit eine Konvergenz zwischen der Kultur Israels und dem Hellenismus? Damit wäre Israel bereit, in die neue, Hellenismus genannte, Ära einzutreten, die von den Eroberungen Alexanders des Großen eingeleitet wird. Sind wir nicht intellektuell unangefochten?

Es bedeutet vielleicht eine andere Weise, dieses »Warum seid ihr gegen uns?« zu verstehen, wenn wir uns die Antwort der Ältesten des Negev auf die achte Frage Alexanders des Großen und an die Replik des Königs auf diese Antwort in Erinnerung rufen. Als Reaktion auf den Haß, den sie der Autorität und der politischen Macht entgegenzubringen bekannten, hat er den Anteil der Tyrannei, den er der Macht beimaß, weder in Frage gestellt noch geleugnet. Ohne Zweifel gehört sie für ihn untrennbar zur Macht. Er hatte es vorgezogen, im Sinne einer »besseren Lösung«, auf die Vermittlung von Menschen zurückzugreifen, die den Machthabern nahestehen, um nur so, auf indirekte Weise, das Wohl des Volkes in die Ausübung der Macht einfließen zu lassen. Gewiß, er hatte dieses Wohl nicht geringgeachtet, und vielleicht erkannte er dessen Wert auf eine uneigennützige und noble Weise an. Doch er hatte ihn nicht in das innere Wesen der politischen Autorität selbst aufgenommen. Die Gegnerschaft der Gesprächspartner hätte somit einen streng politischen Sinn bewahrt: »Im Namen welcher Sache seid ihr gegen die politische Macht, die über euch herrscht?« Warum erkennt ihr, bei Übereinstimmung in allen Punkten unseres Dialoges, unseren Siegesmarsch nicht an, der – da wir ein Weltreich sind – einer der ganz großen Mehrheit ist? Zweifelt ihr an unseren Absichten und politischen Mitteln, die besser sind als eure, auch dort, wo es um die Linderung der Not der Elenden geht?

Endlich kann die Gegnerschaft, nach der die elfte Frage fragt, den Sinn haben, den Raschi in dem neben unseren Text gedruckten Kommentar aus ihr herausliest: Warum verweigert ihr euch trotz unserer intellektuellen Übereinstimmung unseren religiösen Überzeugungen, unserem polytheistischen Götzendienst, der doch für die Mehrheit der Menschheit wahr ist?

Sie antworteten nur: Der Satan ist Sieger. Er ist immer Sieger.

In der Antwort, die sie ihm geben, führen die Ältesten des Negev den Satan und seine Siege an! Ist das nicht eine Entgegnung auf die verschiedenen Aspekte der Frage? Die geistigen Differenzen zwischen uns und den anderen seien durch die List des Satans, der die Zweideutigkeit selbst ist, nicht mehr zu sehen. Er ist es, der die Gedanken von dem kulturellen Kontext, den sie aufrufen und dem sie entstammen, löst und der die Ideen durchmischt. Ein Kontext, den die Tora wiederherstellt, die Tora, deren unablässiges Studium – Wachsamkeit eines Denkens auf der Suche nach dem Absoluten – das Erwachen des Denkens selbst ist. Schon jetzt sollten wir an die letzten Zeilen unseres Textes denken – wir werden darauf zurückkommen –, die der bedeutenden und erhabenen Rolle gewidmet sind, die die Tora und ihr Studium in der Gesamtökonomie des Seins spielen. Tora, die die satanischen Winkelzüge, dank derer die auf schnellzirkulierenden Wahrheiten beruhenden Kulturen ihre eigenen Hoffnungen verraten, durchkreuzt. Oder anders: Bei dieser Beschwörung des Satans würden weder seine Siege noch die politischen Erfolge, die er schenkt, den Ansprüchen der Weisheit genügen. Erfolg ist kein Beweis letzter Wahrheiten!

Ich kann euch hinrichten lassen, allein durch einen königlichen Erlaß! – Die Macht liegt beim König, aber es steht einem König schlecht an zu lügen.

Warum diese Drohung, die Gefahr läuft, ein Gespräch, das bisher freimütig und friedlich geführt wurde, brutal zu beenden? Ist Alexander der Große, durch die Erwähnung des Satans, mit dem seine siegreiche Macht verglichen oder in Verbindung gebracht worden wäre, der erste Angegriffene in diesem Gespräch? Ist er empört über die Gewalt dieser Replik? Oder greift er, weil ihm die Argumente ausgehen, auf die tyrannische Gewalt zurück, die seiner Herrschermacht innewohnt? Und was besänftigt ihn dann in der letzten Antwort seiner Partner? Ist es die Anerkennung seiner Macht (»Die Macht liegt beim König«)? Oder ist es das »Es steht einem König schlecht an zu lügen«, wodurch das ihm zugebilligte oder auch vorgeworfene Recht auf Gewaltausübung seine Person dennoch vom moralischen Makel der Lüge freispricht, als könne, obwohl er ein Barbar ist, der Vers Leviticus 19, 11, der die Lüge verbietet, ihn etwas angehen?

Könnten in dieser Besänftigung – eine Möglichkeit, die man mit besonnenem Vorbehalt erwägen sollte – nicht auch die Wirkungen der im Verborgenen wirkenden Tugend des Kompromisses stecken? Anerkennung der »aufgeklärten Tyrannei« des Politikers, der dem Austausch von Worten und Ideen zugestimmt hat, und, im Gegenzug, Verführung, die die Ordnung der Ethik auf den Hochmut der Macht ausüben kann, die sich in Vornehmheit verwandelt hat. Man kann mit der Macht einen Diskurs führen! Ein Kompromiß, während man, trotz all der schlechten Aussichten der Korruption, des Totalitarismus, des Krieges, auf die absolute Ordnung wartet.

Eine doch ziemlich tiefgreifende Besänftigung, da sie zur Aufnahme der Ältesten des Negev unter die Würdenträger des Reiches Alexanders führt.

Darauf umwand er sie sogleich mit Purpur und hängte ihnen goldenen Schmuck um den Hals.

Doch die Geschichte oder das politische Abenteuer geht weiter:

Alexander teilte den Weisen mit, er wolle sich nach Afrika begeben.

Frühe Form des kolonialistischen Projekts!

Das wirst du nicht können, denn die Berge der Finsternis werden dich aufhalten, antworteten sie ihm.

Die Welt ist kein euklidischer Raum, der der Eroberung, dem Fortgang eines horizontalen Marsches, offensteht; Orte, von Menschen bewohnt, die unter ihrem fremden Aussehen verborgen sind, hinter deren Nacht der Blick des Menschen nicht vorzudringen vermag, eine Vielfalt ohne Synthese, Raum ohne Weg hindurch, ohne Rückweg, exotische Welten, die auf ihren Wegen ohne Ziel die irrationale Durchdringungskraft des Instinktes und die Leitfäden der Blinden erfordern.

Das genügt nicht, um mich am Aufbruch zu hindern.

Dieser Eroberungszug liegt wohl in der unerbittlichen Logik der politischen Macht, was auch die Grenzen dieser Macht seien. Politische Macht will sich ausdehnen, will Imperium sein. Was immer sie begrenzt, ist gegen sie und provoziert sie.

Habe ich euch gefragt, ob ich aufbrechen soll? Sagt mir lieber, wie ich es anstelle, dorthin zu gelangen.

Antwort:

Nimm libysche Esel, die im Dunkeln laufen können, und ein Garnknäuel, das du am Wegesrand festbinden wirst. Das wird dir auf dem Rückweg helfen.

In dieser Warnung der Ältesten des Negev soll das Bewußtsein einer bestimmten Kluft enthalten sein, die die Welt, in der der helleno-hebräische Diskurs der Logik Geltung hat, von jener Welt einer wilden Logik trennt, zu der man nicht mehr durch das Licht der Aufklärung geführt werden kann.

Er befolgte die Ratschläge und brach auf. Er erreichte ein Dorf, in dem nur Frauen wohnten.

Frauen! Menschliche Wesen, die keine Männer sind! Die »Eingeborenen« aus den Kolonialfeldzügen, stets zweideutige Gesichter unter Masken. Menschliche Wesen, die man nicht als wirkliche Menschen anspricht. Und ausgerechnet Alexander dem Großen wird von den Frauen – von diesen nichtmännlichen Menschenwesen, von dieser »Eingeborenen«-Masse – eine Lektion erteilt. Die Weisheit, die, wie der Traktat *Pirké Abot* sagt, der Weise von jedem Menschen, als wäre dieser ein Lehrer, erhält.

Er wollte gegen sie einen Kampf beginnen, aber sie sprachen zu ihm: Wenn du uns umbringst, wird man sagen, du hast Frauen massakriert. Wenn wir dich töten, wird es heißen, ein König hat sich von Frauen töten lassen.

Die Kolonialschlacht: des Ruhmes unwürdig! Die Eroberungsschlacht: des Ruhmes unwürdig! Die imperiale Leidenschaft des Staates ruft äußerste Vorbehalte hervor.

Friedfertige Worte des großen Eroberers:

Da sprach er zu ihnen: Bringt mir Brot. Sie brachten ihm ein goldenes Brot auf einem goldenen Tisch.

Und Alexander:

Essen Menschen etwa goldenes Brot? staunte er.

Sie antworteten:

Wenn du gewöhnliches Brot wolltest: Gibt es das nicht bei dir, so daß du hierher kommen mußtest?

Siegreiche Ironie der Frauen! Sie kennen das Geheimnis der Eroberungsschlachten, wie sie ja auch die kraftvolle Dialektik errieten, die den Ruhm dieser Schlachten annulliert. Sie klagen die Politik einer Gewalt an, die nicht Beherrschung der unersättlichen Begierde ist, und eines Bereicherungswillens, der immer den Anteil will, mit dem sich der andere begnügt.

Bemerkenswerte Belehrungen. Sehr wohl verstanden vom Großen Alexander, dem höchst brillianten Schüler des Aristoteles.

> Als er aufbrach, ließ er am Tor der Stadt eine Inschrift anbringen: Ich, Alexander von Makedonien, war ein Narr, bevor ich in dieses Land der Frauen in Afrika kam und von ihnen belehrt wurde.

Unser Text geht zu Ende: Alexander kehrt zurück, indem er sich wahrscheinlich in der Finsternis seines Rückweges an die Schnüre hält, deren Spulen er auf dem Hinweg am Rand der Straße abwickeln ließ. Selbst Brot hat er dabei.

> Auf dem Rückweg setzte er sich neben eine Quelle und aß Brot. Er hatte gesalzenen Fisch bei sich.

Amüsantes Bild, wie Alexander der Große Salzheringe verzehrt! Auch wird der Fisch im Wasser der Quelle gewaschen.

> Als er gewaschen wurde, entströmte ihm angenehmer Duft. Ein Beweis dafür, sagte er sich, daß diese Quelle aus dem Garten Eden kommt.

Alexander der Große träumt vom Paradies! Und vom Frieden. Und die erste Fassung unseres Berichtes von Alexander dem Großen endet mit diesem Duft des Paradieses. Dieses Innehalten der Expansion, der politischen Gewalt Alexanders, verströmt einen Paradiesesduft.

Aber:

> ...manche sagen, er sei an der Quelle entlang bis zum Garten Eden gegangen.

Der Duft genügte ihm nicht. Er will das Paradies selbst.

> Er kam an und sagte: Öffnet mir die Tür. Er bekam zur Antwort: »Das ist die Pforte des Ewigen: Die Gerechten werden sie durchschreiten« (Psalm 118, 20).

Die Gerechten, aber nicht die Politiker! Die Würde des Politikers, die Würde des Prinzen, die er besitzt, öffnet diese Türe nicht. Er protestiert im Namen seiner königlichen, seiner tyrannischen Würde:

> Ich bin König, ich bin eine wichtige Persönlichkeit! Gebt mir irgend etwas, sagte Alexander. Man gab ihm einen Augapfel.

Seine Würde als politische Persönlichkeit, als Souverän, verdient immer eine Belehrung. Hat der Augapfel, den man ihm gab, vielleicht einen symbolischen Sinn? Er will vergleichen, er will wissen, was dieses Auge wert ist. Und er wiegt es.

> Er wog ihn mit all seinem Silber und Gold, aber all das zusammen wog nicht so viel wie der Augapfel. – Was ist los? fragte Alexander die Rabbanan,

die da waren. Die Rabbanan an der Pforte des Paradieses sagen zu ihm:

> Das ist das Auge eines Menschen, es ist unersättlich.

Es war nötig, zurückzugehen bis zu dem Auge, mit dem im Grunde alles angefangen hat. Alles hat mit diesem Blick angefangen, der so weit reicht wie es nur irgend geht, der vom Orient zum Okzident reicht, mit diesem Blick, der immer noch mehr Ergreifbares sieht als die paradiesischen Träume derer, deren Blick nach oben geht. Damit schließt sich der Kreis mit der Rückkehr zur ersten der zehn Fragen Alexanders an die Ältesten des Negev. Alexander fragt die Rabbanan:

Woher wißt ihr, daß es so ist? – Bedecke es mit ein wenig Staub, und es wird leicht werden, denn es heißt: »Das Totenreich und der Abgrund sind unersättlich; die Augen des Menschen ebenfalls« (Sprüche 27, 20).

Der Tod reduziert die Pracht des unersättlichen Auges auf sein wahres Gewicht. Verspricht denn wirklich der Weg vom Westen zum Osten so viel mehr als der von der Erde zum Himmel? Unser Text behauptet einen radikalen Unterschied zwischen dem, was es an Gültigem geben kann in einer vernünftigen Politik einerseits und der eigentlichen Gerechtigkeit andererseits. Will heißen Barmherzigkeit, Nächstenliebe, *Chessed* – als die in ihr wirkende feurige Glut, die Tora – als Ursprung ihrer Flammen, und das Studium, bei dem dieser Ursprung ausbricht. Die Gerechtigkeit widersetzt sich dieser Begierde des Politischen, welche dem unersättlichen Blick auf die fernen Horizonte entspringt, dieser unendlich großen Lust am Politischen, dieser Horizontalität, von der zu Anfang die Rede war, die für das Wesentliche des Daseins gehalten wird. Und somit gehen wir auf das Studium der Tora zurück, die ein Prinzip des Friedens ist.

Rabbi Chijja hat gelehrt: Wer immer des Nachts die Tora studiert, steht der *Schechina* Aug in Aug gegenüber, denn es heißt: »Ich habe den Ewigen allezeit vor Augen« (Psalm 16, 8), und »Steh des Nachts auf und schreie zu Beginn jeder Nachtwache, vor dem Antlitz des Herrn« (Klagelieder 2, 19). Rabbi Eliezer hat im Namen Rabbi Chaninas gesagt: Die Schüler der Weisen vermehren den Frieden der Welt, wie es heißt: »Alle deine Söhne werden Schüler des Ewigen sein und groß wird sein der Frieden deiner Söhne« (Jesaja 54, 13).

Die hier zitierten Verse sind sehr wichtig. Sie preisen nicht nur die intellektuelle Reichweite der von der Schrift animierten Studien. Das Studium der Schrift ist ein Lebensweg, der durch sich selbst die harten Realitäten der politischen Gewalt bricht. Es führt zur Versöhnung der Menschen. Tora – Anwesenheit Gottes von Angesicht zu Angesicht, Schau des Unsichtbaren, Frieden, alles zusammen gedacht.

Eine Synthese, die analysiert werden müßte. Aber das wäre ein weiteres Kolloquium.

Dritte Lektion

Wer ist er selbst?

Vorgetragen beim 30. Kolloquium
der Jüdischen Intellektuellen am 11. Dezember 1989[1]

Traktat Chullin, 88b-89a

...Raba sagte: Um Abraham dafür zu belohnen, daß er gesagt hatte: »Ich bin ja Staub und Asche« (Genesis 18, 27), wurden seinen Kindern zwei Gebote geschenkt: das über die »Asche der roten Kuh« (Numeri 19, 2-9) und das über den Staub der »der Untreue verdächtigten Ehefrauen« (Numeri 5, 14-17). Müssen wir auch den »Staub, um das Blut zu bedecken« nennen? Dies bringt nur eine Abrundung des Gebotes, aber keinen Fortschritt.

Außerdem sagte Raba: Um zu belohnen, was unser Vater Abraham gesagt hatte: »...weder einen Faden noch einen Schuhriemen...« (Genesis 14, 23), erhielt Abraham zwei Gebote: das des »purpurblauen Fadens« (der *tsitsit* – Schaufäden) und das des Lederbands der *tefilin*« (Gebetsriemen). Denn es heißt: (Deuteronomium 28, 10): »Und alle Völker der Erde werden sehen, daß über dir Sein Name genannt wird«, und dazu gibt es eine Lehre: Rabbi Eliezer hat gesagt: »Gemeint sind (die Gebetsriemen) für den Kopf.« Aber was ist mit dem »purpurblauen Faden«? Man lehrt: Rabbi Meir hat gesagt: Worin unterscheidet sich das Purpurblau von allen anderen Farben? Das Purpurblau gleicht nämlich dem Meer, und das Meer dem himmlischen Firmament, und das himmlische Firmament dem Saphir, und der Saphir dem Thron Gottes, denn es heißt (Exodus 24, 10): »Sie sahen Israels Gottheit. Und unter ihren Füßen war es wie eine Fläche von Saphir«, und weiter (Ezechiel 1, 26): »...es sah aus wie Saphir, einem Thron gleich...«.

Rav Abba sagte: Die »verzehrte« Beute stellt ein schwieriges Problem dar, denn selbst die vollkommen Gerechten könnten sie nicht zurückgeben. Heißt es nicht (Genesis 14, 24): »Fern von mir, ausgenommen das, was die jungen Leute verzehrt haben!«

Rabbi Jochanan sagte im Namen Rabbi Eliezer ben Schimons: Wenn du irgendwo die Worte Rabbi Eliezers, des Sohns von Jose dem Galiläer, eine *Aggada* sprechen hörst, öffne deine Ohren so weit wie einen Trichter. Er (Rabbi Eliezer, der Sohn von Jose dem Galiläer) sagte: Es steht geschrieben (Deuteronomium 7, 7): »Nicht deshalb hat euch der Ewige angenommen, weil ihr zahlreicher wäret als alle Völker.« Der Hochheilige, gepriesen sei Er, sprach zu Israel: Ich nehme euch an, weil ihr euch, selbst wenn ich euch Größe zubillige, vor mir gering schätzt. Ich nenne Abraham groß, und er sagt: »Ich bin Staub und Asche«; Mose und Aaron (nenne ich groß), und sie sagen: »Nichts sind wir« (Exodus 16, 8), David (nenne ich groß), und er sagt: »Ich aber bin ein Wurm und kein Mensch« (Psalm 22, 7). Die Völker der Welt verhalten sich anders. Ich nenne Nimrod groß, und er sagt (Genesis 11, 4): »Laßt uns eine Stadt bauen!«, den Pharao, und er sagt (Exodus 5, 2): »Wer ist dieser Ewige?«, den Sanherib, und er sagt (2 Könige 18, 35): »Wo ist ein Gott unter den Göttern aller Länder, der sein Land aus meiner Hand errettet hätte?«, den Nebukadnezar, und er sagt (Jesaja 14, 14): »Ich will auffahren über die Wolken«, den Hiram, König von Tyrus, und er sagt: »Ich bin ein Gott, ich sitze auf einem Göttersitz mitten im Meer« (Ezechiel 28, 2).

Raba oder auch, anderen zufolge, Rabbi Jochanan sagte: Was von Mose und Aaron ausgesprochen wurde, ist wichtiger als das, was von Abraham ausgesprochen wurde. Bei Abraham enthält der Text »Staub und Asche«, bei Mose und Aaron lautet er: »Was sind wir?« Und Raba oder auch, anderen zufolge, Rabbi Jehoschua sagte: Die Welt besteht nur durch das Verdienst von Mose und Aaron fort. Von ihnen gelten die Worte: »Wir sind nichts« [oder »Was sind wir?«]. Anderswo jedoch wurde gesagt: »Er hängt die Erde über das Nichts.« (Hiob 26, 7). Rabbi Ilai hat gesagt: Die Welt besteht nur durch das Verdienst desjenigen, der sich im Streit zu Nichts erniedrigt [*bolem:* sich im Streit zurückhält]. Denn es heißt (Hiob 26, 7): »Er hängt die Erde über das Nichts (*bli-ma*).« Rabbi Abbahu hat gesagt: Die Welt ruht nur auf dem, der sich für ein Nichts hält, denn es heißt (Deuteronomium 33, 27): »Darunter [unsichtbar] sind die Arme der Welt.«

Sich selbst zu befragen, ob unser Leben – ob die fieberhafte Aktivität, die es darstellt und ausfüllt – noch der Ausdruck *einer* Person sei, ob es im Ineinanderwirken der vielfachen physischen, psychischen, sozialen Kausalketten, inmitten der anonymen, es prägenden Vorgaben wie Vererbung, Klima, Milieu, Tradition, Medien, Politik etc., noch unseren ureigensten Intentionen entspreche, das ist zweifellos die große Frage dieses Kolloquiums. Bleibt im Existieren des Menschen das »Ich meinerseits«[2], die Besinnung auf das Eigene, erhalten? Will und sucht die Person dies überhaupt noch? Erfordert nicht die Bedeutung des Wortes *sich*, von der die Problematik des »Sich-auf-*sich*-Besinnens« abhängt, selbst eine vorhergehende Klärung? Das sind die Fragen, die ich den Seiten 88b und 89a des Talmudtraktats *Chullin* stellen will.

Raba sagte: Um Abraham dafür zu belohnen, daß er gesagt hatte: »Ich bin ja Staub und Asche« (Genesis 18, 27), wurden seinen Kindern zwei Gebote geschenkt: das über die »Asche der roten Kuh« (Numeri 19, 2-9) und das über den Staub der »der Untreue verdächtigten Ehefrauen« (Numeri 5, 14-17). Müssen wir auch den »Staub, um das Blut zu bedecken« nennen? Dies bringt nur eine Abrundung des Gebotes, aber keinen Fortschritt.

Zu verstehen, was die Vorstellung des *Selbst* oder des *Man-Selbst* ist, um die Art oder den Modus – die Spur oder die Verheißung – der menschlichen Besinnung auf das Eigene besser erfassen zu können, die im Durcheinander jener blinden Kräfte, Tendenzen und Notwendigkeiten abhanden zu kommen droht, in denen sich der moderne Mensch, dieser Freie, dieser Vielbeschäftigte, sucht bzw. verliert – das wird heute unser Bemühen sein. Auf den Seiten 88b und 89a des Talmudtraktates *Chullin* sieht *sich* Abraham als »Staub und Asche«, nennt *sich* Abraham – »unser Vater«, der schon seit Genesis 17, 4 zum »Vater vieler Völker« befördert worden und solchermaßen schon Patriarch der universellen Menschheit ist –: »Staub und Asche« (Genesis 18, 27). Eine Vorstellung vom eigenen *Selbst*, die bei Abraham sozusagen eine »Innenschau« ohne Selbstgefälligkeit offenbart: Wahrheit eines gewissermaßen »von außen herkommenden« Blicks Abrahams auf sich selbst in dem Augenblick, wo er an das *ganz andere Andere* denkt, besorgt um das Andere und von einer Sorge um den anderen Menschen ausgehend. Gebet Abrahams für das entartete Sodom, das vom *Ewigen* mit gerechter Bestrafung bedroht wird – Gebet in Gestalt einer bewundernswerten, berühmt gewordenen Feilscherei mit Gott selbst, über zehn Verse hinweg (Genesis 18, 23-32), sehr standhaftes Plädoyer für Sodom beim Schöpfer der Welt, Disput über die Vorstellung der göttlichen Gerechtigkeit. Genau da bezeichnet sich Abraham als »Staub und Asche«: »Ich, Staub und Asche« (Vers 27). Eine Klage, in der die Niedrigkeit der menschlichen Kreatur eingestanden wird, und das inmitten eines doch auf höchstem Niveau geführten Dialoges. Niedrigkeit, die sich als Ruhm erweist! Denken, das, indem es sich selbst als Staub und Asche verleugnet, Besinnung auf sich selbst *und* Selbstvergessenheit bleibt oder schon ist, Erhöhung der menschlichen Kreatur zu einer anderen Bestimmung, einem anderen Rang des Menschseins, das unter der beständigen Drohung seiner Sterblichkeit authentisch bleibt und auch dann noch an die Rettung der anderen denkt.

Auf unserer Seite des Traktates *Chullin* erzählt der Talmudgelehrte Raba, welche göttliche Belohnung die Worte »Ich, Staub und Asche« Abraham einbrachten: zwei Gebote. Sie werden dem Erbteil der Verpflichtungen vom Sinai, die Israel erwarten, beigegeben. So werden Abrahams Nachkommen für das Verdienst ihres Vaters Abrahams belohnt! Doch damit vielleicht auch im Prinzip die ganze Nachkommenschaft des Patriarchen, des »Vaters vieler Völker«, des Vaters der ganzen Menschheit.

Rituale als Belohnung! Das eine ist als die Weisung über die »rote Kuh« bekannt (Numeri 19), das andere wird als die Weisung über die »Ehefrauen, die der Untreue verdächtigt werden« in Numeri 5, 19 vorgestellt. Die Bibel beschreibt die Zeremonie, die jeder Ehemann in Israel vollziehen muß, der Gründe hat, seine Frau der Untreue zu verdächtigen. Eine ungewöhnliche Wahl unter den sechshundertunddreizehn Möglichkeiten, die die Gesamtzahl der Gebote der Tora bietet, um die Fundamente der wiederhergestellten Menschlichkeit zu legen.

Gewiß mag man sich auch darüber wundern, daß religiöse Verpflichtungen als Belohnungen gelten. Doch in der Wertordnung der Tora bedeutet die *Mitswa,* das göttliche Gesetzesgebot, weit mehr als einen repressiven Eingriff in die Freiheit des Gläubigen. Sie bedeutet, auch in ihrer Last als Zwang, all das, was die Herrschaft des einen Gottes an Teilhabe an seinem Reich eröffnet, an göttlicher Nähe und Erwählung und an Aufstieg zum Rang des echten Menschseins. Als habe das »Laßt uns Menschen machen« von Genesis 1, 26 Unvollendetes offengelassen und lasse es noch offen. Auch in der offenbaren Unterordnung des Gehorsams gegen Gott bleibt uns immer die Möglichkeit, uns die Freiheit einer Besinnung auf das Eigene, einer selbstbezogenen Identitätssuche zu nehmen.

Man mag auch nach den innigen Beziehungen fragen, die, Raba zufolge, zwischen der Weisheit oder dem Verdienst jenes »Ich, Staub und Asche«, einerseits und jedem der beiden als Belohnung verliehenen Gebote andererseits bestehen. Raba schweigt zu diesem Punkt. Doch uns erscheinen gerade die Voraussetzungen für diese Frage und der ihr zugrundeliegende spirituelle Hintergrund bedeutungsvoll. Die Erfüllung der *Mitswa* über die »rote Kuh« läuft auf die Vorbereitung von Reinigungswasser hinaus, wie es für den Reinigungsritus notwendig ist, dem sich diejenigen unterziehen müssen, die durch den Kontakt mit einem Toten unrein geworden sind. Die einzelnen Schritte dieser Vorbereitung nennt Numeri 19: Suche nach dem Tier, nach einer jungen, ganz und gar roten Kuh, unberührt, makellos, die noch kein Joch getragen hat; Opferung des Tieres, Verbrennung zu Asche, Vermischung der Asche mit Wasser. Praktische Details, die zweifellos vielfältige symbolische Bedeutungen mitführen, welche sich hastigen Interpreten oder auch weniger hastigen, aber immer noch zu wenig eingeweihten Interpreten nicht ohne weiteres erschließen. Muß man hier an Relikte aus der Welt der Magie denken? Es ist in der Tat nicht zufällig, daß das Gebot der »roten Kuh« für eine Tradition des rabbinischen Humors gesorgt hat: Das Kapitel über die rote Kuh sei Teil des Programmes des Satans. Will der Satan den Glauben Israels destabilisieren, dann zitiert und kommentiert er das Kapitel Numeri 19.

Was es auch immer mit der satanischen Eloquenz auf sich haben mag: Es wäre zweifellos vernünftiger, den »Kontakt« mit einem Toten, der hier als Grund für die Unreinheit präsentiert wird, ausgehend von einer weniger ausgefallenen, weniger speziellen Psychologie als der magischen zu verstehen. Die Berührung eines Toten ist immerhin ein ausreichender Schock, um den Tod selbst, in seiner Negativität, die ohne Ansehen der Person, ohne Ausnahme besteht, in Erinnerung zu bringen: Der Tod – immer schon mein Tod. Schon ein nur gedachter Tod wirft das natürliche, gewohnte Gleichgewicht unserer Werte um und destabilisiert das moralische Gefüge, das dieses Gleichgewicht trägt oder ausdrückt. Die Vorstellungen der Reinheit und Unreinheit drängen sich dem Denken, unabhängig von allen Restbeständen von Aberglauben oder Magie, auf. Unreinheit ist der Name des seit jeher schäbigen Egoismus, den der Tod – mein Tod – wie eine letzte Weisheit mobilisiert. Darin, daß das Bewußtsein, »Staub und Asche« zu sein, Abraham nicht von seiner Uneigennützigkeit, von seiner Sorge um den – nahen oder fernen – Anderen wegbewegen kann, daß alle wahren Werte für ihn, ungeachtet des Todes, vor dem alles gleich ist, auch die wahren bleiben – darin besteht die Reinheit aller wahrhaft menschlichen Menschen, deren Vater Abraham ist. Als sei der Patriarch, von vornherein und aus der einfachen Tatsache seiner Menschlichkeit heraus, die Quelle eines reinigenden Wassers, das mittels der *Mitswa* der »roten Kuh« seiner ganzen Nachkommenschaft versprochen ist, was auch immer der Platz sei, der bei der Herstellung dieses Wassers der roten Kuh zukommt, die mit ihren plumpen Zügen Symbol dieser Reinigung bleibt, weil diese vielleicht imstande sind, die Reinheit oder den Altruismus näher an die handfesten Pflichten gegenüber dem Nächsten zu rücken, die für das Geistige so notwendig sind. Neue Menschlichkeit, biblischer Humanismus. Sieg über den Tod ohne Aufhebung des Todes! Abraham, der sich »Staub und Asche« nennt, ist es, der den Sieg erringt, für seine Kinder, für Israel, für die »zahlreichen Völker«, für die ganze menschliche Menschheit.

Die zweite Belohnung, die Abraham zum Wohle seiner Nachkommen durch sein Sich-Erheben in die Demut des »Ich, Staub und Asche« erworben haben soll, sei das Gebot, Numeri 5, 15 bis 31, das den Ehemann betrifft, der seine Frau der Untreue verdächtigt. Der eifersüchtige Ehemann ist nach diesem Gebot gehalten, den Hohepriester des Heiligtums zu Rate zu ziehen oder zu alarmieren; die verdächtigte Ehefrau wird einer Art Gottesurteil unterzogen. Es findet im Innern des Tempels statt, wo die Frau, um sich freizusprechen, zu den beschwörenden Fragen, Anschuldigungen und Drohungen des Priesters und zu einer ganzen Reihe von Symbolhandlungen, bei denen der Name des Herrn angerufen wird, »Amen« sagt; dann nimmt sie das »bittere, fluchbringende Wasser« ein, eine Mischung aus heiligem Tempelwasser und einer Handvoll Erde, die vom Staub am Boden der heiligen Stätte genommen wird. Ist die Frau schuldig, wird sie körperlich zugrunde gehen; ist sie unschuldig, wird es ihr nicht schaden und sie wird zahlreiche Schwangerschaften haben können. Ob dadurch das Heim der Familie zerstört wird oder dort Frieden einzieht, spielt keine Rolle: Die Ungewißheit muß ein Ende haben!

Gibt es eine tiefe Beziehung zwischen diesem Stil des Gottesurteils und dem der sehr demütigen und sehr hohen Rede von Staub und Asche, in der Abraham sich selbst erkennt und für die das Gesetz über das Auf-die-Probe-Stellen der verdächtigten Ehefrau die Belohnung darstellen soll? Die Gemara behauptet es, indem sie den Staub und die Asche in der Handvoll Erde wiedererkennt, die dem »bitteren Wasser«, das die verdächtigte Frau trinkt, beigemischt wird. Ein Indiz, das auf den ersten Blick rein zufällig und ganz äußerlich zu sein scheint. Die Gemara fragt sich sogar, ob, wenn man es so nimmt, auch das Gebot, welches befiehlt, das Blut eines geschächteten Tieres mit Erde zu bedecken, wie es zu Beginn unseres Beitrages erwähnt wurde, nicht eine dritte Belohnung der ruhmreichen Demut Abrahams sei. Überflüssige Vermutung. Aber wie könnte man vergessen, welche Denkergebnisse diese Hypothese im talmudischen Denken angestoßen hat, das so subtil auf alles Nichtgesagte, im Gesagten mitschwingende, achtet! Die Verbindung zwischen dem Gedanken Abrahams und der Probe, auf die die der Untreue verdächtigte Frau gestellt wird, erscheint mir tief.

Gewiß, »ich, der ich Staub und Asche bin«, ich bin imstande, mich um den Nächsten zu sorgen. Selbst mein Tod kann mich nicht verschließen und meine Liebe, meine Beziehungen zu anderen, ersticken. Aber die Liebe selbst, ist sie denn rein altruistisch? Ist sie anmutsvolle »Besinnung auf das Eigene«? Ist sie nicht bereits Begehrlichkeit bzw. gefährdet durch die wesenhafte Unklarheit des Erotischen? Ein Aufruf zu einer anderen Reinheit, jenseits aller bürgerlichen Vorsicht?

Und ist diese *Besinnung auf das Eigene* denn selber die reine Anmut? Ist sie nicht doch verdächtig, selbstgefällig zu sein, und – in der wesenhaften Mehrdeutigkeit des Begehrens – fehlt es ihr da nicht an Strenge, an Erhöhung, an Heiligkeit, an dem, was die echte Reinheit eben im kontrollierten und gesegneten Eros der ehelichen Vereinigung bewahrt, und zwar jenseits jener bürgerlichen Vorsicht, jener prinzipienleeren Sitten, die die Zweideutigkeit des Eros dulden und fördern, selbst und besonders dann, wenn sie sich der ganzen Pracht der westlichen Romanliteratur öffnen, in der die Liebe zur Fabel und zum Spiel wird? Die Romanliteratur als Erbschaft der Kultur – aber zweifellos im diametralen Gegensatz zur Tora stehend, welche das Reich des Unzweideutigen ist, wo Eros von vornherein als Unruhestifter erkannt wird und als Untergraber der gesetzlichen Ordnung, zu der auch das sogenannte Gebot der »der Untreue verdächtigten Ehefrau« gehört, die zweite Belohnung Abrahams, der die Größe hatte, zu sagen, er sei »Asche und Staub«, ohne daß er dabei jedoch, in all seiner Sterblichkeit, aufgehört hätte, an das Heil seines Nächsten zu denken.

Außerdem sagte Raba: Um zu belohnen, was unser Vater Abraham gesagt hatte: »...weder einen Faden noch einen Schuhriemen...« (Genesis 14, 23), erhielt Abraham zwei Gebote: das des »purpurblauen Fadens« (der *tsitsit* – Schaufäden) und das des Lederbands der *tefilin* (Gebetsriemen). Denn es heißt: (Deuteronomium 28, 10): »Und alle Völker der Erde werden sehen, daß über dir Sein Name genannt wird«, und dazu gibt es eine Lehre: Rabbi Eliezer hat gesagt: »Gemeint sind (die Gebetsriemen) für den Kopf.« Aber was ist mit dem »purpurblauen Faden«? Man lehrt: Rabbi Meir hat gesagt: Worin unterscheidet sich das Purpurblau von allen anderen Farben? Das Purpurblau gleicht nämlich dem Meer, und das Meer dem himmlischen Firmament, und das himmlische Firmament dem Saphir, und der Saphir dem Thron Gottes, denn es heißt (Exodus 24, 10): »Sie sahen Israels Gottheit. Und unter ihren Füßen war es wie eine Fläche von Saphir«, und weiter (Ezechiel 1,26): »...es sah aus wie Saphir, einem Thron gleich...«.

Raba erinnert an zwei weitere bemerkenswerte Worte Abrahams, die während eines Krieges gesprochen wurden, den sich die kanaanitischen Monarchen lieferten (Genesis 14) und in den Abraham – der damals erst *Abram* war –, begleitet von den »Getreuen seines Hauses«, eingriff, um seinen Neffen Lot, der »mit seiner Habe« gefangengenommen war, zu befreien. Abraham befreit seinen Verwandten und sichert so den Sieg für die Koalition, in der er gekämpft hatte. Doch er weist die ihm angebotene Beute zurück: »Ich schwöre, daß ich nichts, weder einen Faden noch den Riemen einer Sandale, nehmen werde« (Genesis 14, 23). Raba berichtet dann von den göttlichen Belohnungen, die er durch diese noblen Worte verdient hatte. Schon wieder: Gebote mit all ihren Verpflichtungen als Geschenk verpackt! Einsetzung des Rituals des Schuhriemens: des Ritus der Gebetsriemen, der Rolle, die die *tefilin* spielen, einerseits; des Ritus der Schaufäden, der *tsitsit*, andererseits. In der Tat interpretiert Rabbi Eliezer der Große[3] den Vers Deuteronomium 28, 10 in diesem Sinne: »Alle Völker der Erde werden den Namen Gottes mit dem deinen verbunden sehen«: Dieser Vers soll natürlich die »*tefilin* des Kopfes« bezeichnen, die am Kopf des Gläubigen angebracht werden und für alle in der Umgebung sichtbar sind.

Daß gerade die Weigerung, die Beute anzunehmen, dem Kämpfer zur Ehre gereicht und durch einen Ritus gefeiert wird, zeugt von einem neuen Verständnis von Menschlichkeit, das sehr früh in Abrahams Leben eingeführt wurde; die Steigerung der Selbstlosigkeit im Laufe des Kampfes: die Idee des Kampfes für das Gute selbst. Wie verhält es sich mit den *tsitsit?* Das gibt dem Denken eine gewisse Orientierung: ausgehend von der purpurblauen Farbe des Fadens, hin zur himmlischen Höhe des göttlichen Thrones. Rabbi Meir fragt folgerichtig, worin sich das Purpurblau der *tsitsit* von allen anderen Farben unterscheide. Zurückgreifend auf die Verse Exodus 24, 10 und Ezechiel 1, 26, erblickt er, ausgehend vom Purpurblau der *tsitsit,* eine Skala von Blaunuancen, angefangen von dem Blau des Meeres und von da aus zum Blau des Himmels und zum Blau des Saphirs und damit, dank Ezechiel 1, 26, bis hin zum Thron Gottes selbst.

Anblick und Aufstieg durch die unähnlichen Ähnlichkeiten hindurch, Verständnis der Stufen des Geistigen durch Variationen des Sinnlichen. Sinn, der quasi durch die Spezifizität des warmen, leuchtenden Blaus festgelegt wird, und geheimnisvolle Klarheit, die sich vom verschlossenen Geheimnis des Schwarz unterscheidet und vom gewaltsamen Schrei des brennenden Rots. Das Blau als Blau, entscheidender Moment der Erhöhung.

Was haben wir bisher für die gesuchte »Besinnung auf das Eigene« gefunden? Anspielungen, die nach Erklärung und Verallgemeinerung verlangen. Die Tora ist anspruchsvoll. Man muß die »Aschenglut« der Ideen, der Bilder anblasen, damit die Flamme zart dem Menschen erscheine. Wir haben immerhin einige Spuren eines Ichs erhalten, das sich durch seine Hingabe an den Anderen behauptet, das *ist*, weil es verpflichtet ist. Und das grenzenlos?

> Rav Abba sagte: Die »verzehrte« Beute stellt ein schwieriges Problem dar, denn selbst die vollkommen Gerechten könnten sie nicht zurückgeben. Heißt es nicht (Genesis 14, 24): »Fern von mir, ausgenommen das, was die jungen Leute verzehrt haben!«

Bei seinem Verzicht auf die Beute bedauert Abraham, daß es ihm unmöglich ist, das, was die Gruppe der »Jungen seines Hauses«, die ihn beim Kampf begleiteten, zu ihrem Unterhalt verzehrt haben, zurückzuerstatten. Verzehrte Beute. Muß man sie nicht zurückgeben? Abraham scheint zu denken, man sie nicht zurückgeben? Abraham scheint zu denken, daß im Grunde diese Rückgabe unmöglich ist und daß sie durch das Verzehren erworben bleibt, aber die Beute trotzdem geschuldet wird, selbst wenn sie das ist, was der Mensch zum Überleben als Lebewesen braucht.

Das Dasein Abrahams, wie Raba es versteht, ist kein bloßes Beharren im Sein.[4] Mit seinem Nachgeschmack von Asche und Staub bleibt ihm das Bewußtsein seiner Sterblichkeit, bleibt seine Endlichkeit ein Vermögen, eine Freiheit, eine Möglichkeit; die Würde des Mitleidens, der Sorge um den anderen Menschen. »Besinnung auf sich selbst«, die sich verwandelt wiederentdeckt als Beherrschung und als »Besinnung auf« oder »Bewußtheit für den Anderen«. Im ersten Moment Erniedrigung, aber dann doch Kraft. Kraft, die nicht mehr physische Größe ist oder unabhängige Quantität, sondern die sich als Mitleiden eingliedert in die Ordnung des Geistes, die ihn definiert und konstituiert. »Besinnung auf das Eigene«, die sich als »Besinnung auf den Anderen« als Vorgefühl der Heiligkeit entdeckt. Wunder, das die Rede, oder die *Aggada* Rabbi Eliezers, des Sohnes von Jose dem Galiläer, verkündet, den Rabbi Jochanan im Namen Rabbi Eliezer ben Schimons zitiert und lobt.

> Rabbi Jochanan sagte im Namen Rabbi Eliezer ben Schimons: Wenn du irgendwo die Worte Rabbi Eliezers, des Sohns von Jose dem Galiläer, eine *Aggada* sprechen hörst, öffne deine Ohren so weit wie einen Trichter.

Was waren nun aber die Worte, die man sich nicht entgehen lassen darf?

> [Rabbi Eliezer, der Sohn von Jose dem Galiläer] sagte: Es steht geschrieben (Deuteronomium 7, 7): »Nicht deshalb hat euch der Ewige angenommen, weil ihr zahlreicher wäret als alle Völker.« Der Hochheilige, gepriesen sei Er, sprach zu Israel: Ich nehme euch an, weil ihr euch, selbst wenn ich euch Größe zubillige, vor mir gering

schätzt. Ich nenne Abraham groß, und er sagt: »Ich bin Staub und Asche«; Mose und Aaron (nenne ich groß), und sie sagen: »Nichts sind wir« (Exodus 16, 8), David (nenne ich groß), und er sagt: »Ich aber bin ein Wurm und kein Mensch« (Psalm 22, 7).

Handelt es sich um Demut? Zweifellos, und das ist schon eine große Tugend, noch vor jeder Analyse. Doch auf dem Grund der Demut gibt es eine Selbstbehauptung oder Entdeckung einer Ausgezeichnetheit, höher als jene, die sich auf die reine Selbstgefälligkeit im Sein stützt. Ahnung einer Ausgezeichnetheit, deren man sich unwürdig fühlt und ohne die die Zufriedenheit zu sein mit Sicht auf dieses Dasein allein – das bloße »Sein, um zu sein« – nur ein Nichts wäre. Es bezeichnet Mose und Aaron in dem Augenblick, als das erste Manna in der Wüste vom Himmel fällt, um das aus Ägypten ausgezogene, ausgehungerte und bereits murrende Volk zu speisen. Nichts, wie es auf seine Weise König David kannte, der unter seinem Sein eines Prinzen die kriechende Existenzweise eines Wurmes erspürte. Eben das aber ist die Lebensweise, in der sich, ohne Ironie dabei zu empfinden, die heidnischen Völker gefallen, jene Völker, deren Oberhäupter in der Rede Eliezers, des Sohnes Joses des Galiläers, aufgezählt werden, Könige, die in ihrem eigenen Sein (in dem es, wie die Philosophen[5] sagen, nur um dieses Sein selbst geht) Ruhm suchen und sich für göttlich halten.

Die Völker der Welt verhalten sich anders. Ich nenne Nimrod groß, und er sagt (Genesis 11, 4): »Laßt uns eine Stadt bauen!«, den Pharao, und er sagt (Exodus 5, 2): »Wer ist dieser Ewige?«, den Sanherib, und er sagt (2 Könige 18, 35): »Wo ist ein Gott unter den Göttern aller Länder, der sein Land aus meiner Hand errettet hätte?«, den Nebukadnezar, und er sagt (Jesaja, 14, 4): »Ich will auffahren über die Wolken«, den Hiram, König von Tyrus, und er sagt: »Ich bin ein Gott, ich sitze auf einem Göttersitz mitten im Meer« (Ezechiel 28, 2).

Nach einer anderen Tradition, die man Raba zuschreibt – aber, anderen zufolge, Rabbi Jochanan – ohne sich dieses Mal auf Rabbi Eliezer, Sohn Joses des Galiläers, zu berufen –, drücke die Formulierung Abrahams »Ich bin Asche und Staub« nicht nur die gleiche Demut aus wie die Formulierung Moses und Aarons: »Wer sind wir schon?« In der letzteren stecke mehr. Die Totalnegation sei radikaler als diejenige, die sich auf »Asche und Staub« beschränkt. Doch die Disproportion ist nicht nur formaler Natur: Es kündigt sich eine ganz neue Art und Weise, die »Besinnung auf das Eigene« des Daseins zu überschreiten oder zu erweitern, an. Gewiß ohne jemals die Größe von Nebukadnezar erreichen zu wollen oder Hiram, dem König von Tyrus, dessen Göttlichkeit zu neiden – die beide, sowohl der eine wie der andere, von nichts wissen, das über das Sein hinausginge –, aber auch ohne zu erlauben, daß die Universalität des unermeßlichen Geschöpfes, sei es in den Augen des anderen Menschen, sei es, daß dieser auch der Nächste ist, vergessen werde. Das »Wer sind wir schon?« von Mose und Aaron ist eine neue Abwandlung der »Besinnung auf das Eigene«: sein Ungestüm zurückhalten und sich aus einem Streit zurückziehen: da haben Sie ursprüngliche Menschlichkeit! Auf ihr ruht das Universum, das Ganze der Welt. Was hier in der Sprache der Frömmigkeit ausgedrückt wird: Durch das Verdienst desjenigen, der sich im Streit zurückhält, bleibt das Ganze des Seins erhalten. Neue Bedeutung des »Was sind wir schon?« von Mose und Aaron, und neuer Sinn, der vollste Sinn der »Besinnung auf das Eigene«. Der Frieden als Grund des Seins. Der Frieden als Sinn aller Ontologie: die Menschlichkeit als Konsistenz des Ganzen. Vielleicht das Chaos, aus dem das Sein entstanden sei, als Ur-Streit gedacht.

Raba oder auch, anderen zufolge, Rabbi Jochanan sagte: Was von Mose und Aaron ausgesprochen wurde, ist wichtiger als das, was von Abraham ausgesprochen wurde. Bei Abraham enthält der Text »Staub und Asche«, bei Mose und Aaron lautet er: »Was sind wir?« Und Raba oder auch, anderen zufolge, Rabbi Jehoschua sagte: Die Welt besteht nur durch das Verdienst von Mose und Aaron fort. Von ihnen gelten die Worte: »Wir sind nichts« [oder »Was sind wir?«]. Anderswo jedoch wurde gesagt: »Er hängt die Erde über das Nichts.« (Hiob 26, 7). Rabbi Ilai hat gesagt: Die Welt besteht nur durch das Verdienst desjenigen, der sich im Streit zu Nichts erniedrigt [*bolem:* sich im Streit zurückhält]. Denn es heißt (Hiob 26, 7): »Er hängt die Erde über das Nichts (*bli-ma*).« Rabbi Abbahu hat gesagt: Die Welt ruht nur auf dem, der sich für ein Nichts hält, denn es heißt (Deuteronomium 33, 27): »Darunter [unsichtbar] sind die Arme der Welt.«

Ein Text, in der Übersetzung kaum zu verstehen, da er teilweise auf verbalen Ähnlichkeiten beruht, die nur im hebräischen Original zu sehen sind. »Was sind wir?«, *weraschnu ma?,* bedeutet buchstäblich: »Und wir, was sind wir?« Es wird mit *bli-ma,* »ohne daß etwas wäre«, aus Hiob 26, 7 in Beziehung gesetzt. Und Rabbi Ilai gebraucht, um zu sagen »der, der sich zurückhält«, das Verb *balom,* »sich in einem Streit zurückhalten«, das dieselben Konsonanten b, l, m enthält wie der Ausdruck *bli-ma* in Hiob 26, 7. Methoden und Freiheiten des Midrasch, deren Freizügigkeit, Intentionen, Prinzipien und höchste Virtuosität hier zu interpretieren nicht der Ort ist. Freiheit, zu der auch der letzte Beitrag Rabbi Abbahus gehört, der aus dem Vers 27 des 33. Kapitels des Deuteronomiums die drei letzten Worte zu entlehnen scheint, um sie eins nach dem anderen zu übersetzen, damit sie »darunter Arm Welt« ergeben, und um dann zu lesen: was darunter ist (das Verborgene, das im Dunkeln liegt), ist Arm der Welt (trägt die Welt).

Großartiger Abschluß des ganzen Stücks, in dem wir Erhellung zur »Besinnung auf das Eigene« gesucht haben, zu den Voraussetzungen und Implikationen des persönlichen Aktes. Er führt zurück zu der extremen Bedeutung, die vom rabbinischen Denken der Aufmerksamkeit einer Person für die andere beigemessen wird. Initiative des Konzedierens, die im Zusammenstoß der blinden Kräfte, im Streit, der, dem Sein selbst vorausgehend, vielleicht der Sinn – oder Unsinn – des Chaos ist, die Welt schon ermöglicht. Sein als Frieden und als basierend auf der offensichtlich negativen Bewegung der Zurückhaltung. Ontologie, die offen ist für die Verantwortung für den Nächsten.

Anmerkungen des Übersetzers

1 Vgl.: *Le quant-à-soi. Actes du XXXème Colloque des intellectuels juifs de langue française,* hrsgg. von Jean Halperin und Georges Lévitte, Paris 1991.

2 Der Ausdruck »quant-à-moi« bedeutet im Französischen so viel wie: »was mich betrifft«. Der Titel des Kolloquiums der französischsprachigen jüdischen Intellektuellen vom 9. bis 11. Dezember 1989, in dessen Rahmen diese Talmud-Exegese von Emmanuel Levinas vorgetragen wurde, lautete: »Le quant-à-soi« – frei übersetzt: Die Besinnung auf das Eigene – und stellt eine Substantivierung dieses Auf-sich-selbst-Bezogenseins dar, die nicht mit einem deutschen Wort wiederzugeben ist, weil sie neben der individualistischen Zurückhaltung, Reserviertheit oder Eigenbrötelei, mit der jemand unerwünschte Einmischungen von außen abwehrt, auch eine Befragung seiner selbst beinhaltet, die in die Frage mündet: Was ist mein Eigenes? Im Rahmen dieses Kolloquiums stellte sich die Frage natürlich so, daß die jüdische Identität als gesellschaftliche Gruppierung und Minderheit mit ins Spiel kam. Ich habe versucht, durch den Ausdruck »Besinnung auf sich selbst« oder »Besinnung auf das Eigene«, der in der Regel gewählt wurde, einen Mittelweg zu gehen, der zwischen Selbstbefragung und Reserviertheit liegt und das als Fachbegriff belasteteWort »Selbstbewußtsein« sowohl vermeidet wie auch anklingen läßt. Das Wortspiel von Emmanuel Levinas »quant-à-soi« – »quant-à-l'autre« (S. 92 des Originals, hier S. 82), also etwa »Selbstbezogenheit – Bezogenheit auf den Anderen«, ließ sich damit nicht nachbilden.

3 Gemeint ist der schon erwähnte Rabbi Eliezer (oder auch Eleazar) ben Rabbi Jose ha Gelili, der Tannait und berühmter Aggadist, dem die »32 Middot [Auslegungsregeln] des Rabbi Eliezer« zugeschrieb en werden (etwa 130-160 u.Z.); (Strack / Stemberger, *Einleitung in Talmud und Midrasch*, 7. Aufl., München 1982, S. 83).

4 *Beharren im Sein:* Anspielung auf Spinoza, *Ethik*, III. Teil, 6. Lehrsatz.

5 Heidegger in *Sein und Zeit* (1927), Tübingen 1972.

Nachwort

1. Der Grundgedanke

Die Talmud-Exegesen von Emmanuel Levinas bilden den Hauptteil seines – im Gegensatz zum streng philosophischen so genannten – »konfessionellen« Werks, zu dem auch zahlreiche Essays über das Judentum (zum Teil bereits auf deutsch vorliegend[1]) gehören. Seine Absicht liegt darin, modern denkenden Menschen die Weisheit des Talmud nahezubringen, die durch jahrhundertelange Feindschaft und Verfolgung des Talmud verschüttet liegt. Noch heute wird der Talmud im unüberlegten Sprachgebrauch, im Vorurteil, mit Spitzfindigkeit und leerer Kasuistik gleichgesetzt. Dem entgegenzuwirken ist die Absicht des Philosophen Levinas, der seine Lehre ganz unter das Thema der Verantwortung für den anderen Menschen gestellt hat. Wie aber verhält sich dieses »konfessionelle Werk« zu dem Bild, das wir von Emmanuel Levinas als Philosoph haben und wie zu seiner Philosophie? Dem Verhältnis von talmudischem Denken und Philosophie soll dieser erste Teil des Nachworts gelten. Ein zweiter wird der Biographie des Autors, ein dritter den Talmudexegesen selbst gewidmet sein.

Der letzte Text dieser Edition von Emmanuel Levinas' Talmud-Exegesen: »Wer ist er selbst?« führt vielleicht am besten vor, wie man eine Philosophie an der Weisheit des

1 Vgl.: *Schwierige Freiheit. Versuch über das Judentum*, aus dem Französischen von Eva Moldenhauer, Frankfurt am Main 1992.

Talmud (also an etwas Außerphilosophischem) orientieren und den Talmud gleichzeitig auf diese Philosophie hin interpretieren kann. In dem Text geht es um die jüdische Auffassung des *Selbst*, im Unterschied zum abendländischen Begriff des »Selbstbewußtseins«, der in Hegels Denken am weitesten entwickelt worden ist. Zwar ist die jüdische Tradition zu einem nicht geringen Teil, vermittelt über das Christentum, ins abendländische Denken eingegangen, aber eben nur vermittelt über das Christentum. Und dieses hat seine Lehre von Anfang an in Begriffen ausgesprochen, die mit denen der griechischen Philosophie kompatibel waren.

Das Judentum ist eher unphilosophisch, seine Lehre lebensnah, für die Praxis, nicht für die Theorie gedacht. Hierin liegt das Provokative der Philosophie von Emmanuel Levinas, wenn man sie aus jüdischer Sicht betrachtet. Aus abendländischer Sicht sind philosophische Begriffe und Lehrgebäude etwas Selbstverständliches. Für das Judentum war Philosophie nie lebenswichtig. Es gab, beginnend mit Maimonides, zahlreiche und großartige Versuche, die jüdische Lehre in die philosophischen Begriffe des Abendlandes zu gießen. Das 20. Jahrhundert ist besonders reich daran (Cohen, Rosenzweig etc.). Aber sie spielten keine große Rolle für das religiöse Leben des Judentums selbst.

Emmanuel Levinas, der einen großen Teil seines Lebens damit verbrachte, an der Pariser *Alliance Israélite Universelle* junge Lehrer auszubilden, wagte zweierlei: dem Judentum Philosophie zuzumuten und die Selbstverständlichkeiten der Philosophie in Frage zu stellen.

Zu den selten in Frage gestellten Grundvoraussetzungen der abendländischen, insbesondere der neuzeitlichen Philosophie gehört es, das denkende Selbst in den Mittelpunkt zu stellen. Die Philosophie geht vom Ich aus, vom Subjekt. Darum geht es in dieser dritten Talmudlektion des Bandes »Neue Talmud-Lesungen.«

Sogar in der Frage des 30. Kolloquiums der französischsprachigen jüdischen Intellektuellen im Jahre 1989 nach dem »Man-selbst«, dem »Quant-à-soi«, dem *Selbstverständnis* des Einzelnen bzw. der jüdischen Gemeinschaft Frankreichs oder Europas, wird der Begriff des *Selbst* als Selbstbezogenheit vorausgesetzt.

»Wer bin ich?« – das ist zweifellos eine legitime Fragestellung des sich selbst befragenden Menschen, und Selbstbefragung dient ohne Zweifel einem vernünftigen Bezug zur Welt, sofern sie nicht zur Nabelschau ausartet. Aber Levinas verwirft diese Selbstverständlichkeit des abendländischen Denkens und beginnt, nach anderen Modellen des *Selbst* zu fragen. Ohne Töne unaufrichtiger Demut anklingen zu lassen, führt er biblische Situationen an, in denen sich das Volk Israel bescheiden und seiner Niedrigkeit vor Gott bewußt unter den Völkern zeigt. Gerade durch diese wahre Demut ragt das Volk heraus. Andere Völker, so die Bibel, streben nach Macht und Überlegenheit, Israel will den Willen Gottes tun und die ihm zugedachte Rolle in Gottes Heilsplan erfüllen. Damit kommt ein Verständnis des Wortes *Selbst* ins Spiel, bei dem das Ego nicht mehr im Zentrum steht und neben dem Ich von vornherein der andere Mensch einbezogen ist.

Nach Levinas leidet die abendländische Philosophie an Egozentrik, sie ist »Egologie«. Sie ist ein Denken, das vom *Selbst* in dessen unangefochtener »Selbst-Herrlichkeit« ausgeht. Dieses *Selbst* maßt sich das Recht auf den Willen zur Macht an. Damit geht aber die Utopie des Friedens, die vom Judentum dem Abendland weitergegeben, wenn nicht gar von ihm entwickelt wurde, verloren. Wenn Machtbewußtsein eine Selbstverständlichkeit ist, ist der Krieg vorprogrammiert (die Geschichte Europas beweist es). Nur ein Denken, das Machtverzicht übt, kann dem abhelfen. (Diese ein wenig politisierende Interpretation des Grundgedankens von Emmanuel Levinas werde ich im zweiten Abschnitt durch einige Fakten aus seiner Biographie untermauern.)

Emmanuel Levinas hat sich zu seiner Kritik an der abendländischen Philosophie durch die Bibel und den Talmud inspirieren und diese wiederum in seine Interpretationen des Talmud einfließen lassen.

Wie ich weiter unten ausführen möchte, kann der Interpret von der Voraussetzung ausgehen, daß trotz der Quellenvielfalt, aus der der Kanon der Bibel zusammengestellt ist, ein einheitlicher Wille in Bibel und Talmud unverkennbar ist. Dieser »rote Faden« (Ernst Bloch), der die Heiligen Schriften durchzieht, ist, mit Levinas' Worten, die Essenz seiner Philosophie: die Verantwortung für den anderen Menschen.

Wenn Emmanuel Levinas das Wort »Nächstenliebe« äußerst sparsam verwendet, so liegt das an zweierlei: erstens hält er die Vokabel für abgenutzt; zweitens wurde besonders im Christentum mit ihr Schindluder getrieben. Liebe wurde, ganz abgesehen von ihrer kitschigen Variante, als Vehikel der christlichen Selbstveredelung benutzt. Dem ist das Gebot des biblischen Gottes gegenüberzustellen, das verlangt, nüchtern, ohne dabei an *sich* zu denken, den anderen Menschen in das eigene Denken und Handeln einzubeziehen.

Der von falschem Pathos freie Begriff der Verantwortung soll alle Begriffe des Denkens durchdringen, anstatt ein Begriff unter anderen zu sein. In der abendländischen Philosophie bleibt der sogenannte »gesunde Egoismus« des Einzelnen intakt, und Ethik wird als eine Einzelwissenschaft unter anderen verstanden; oft führt sie ein stiefmütterliches Dasein als Appendix der Philosophiehandbücher. Die abendländischen Philosophen nach Platon und Plotin wissen dem Guten keinen rechten Platz mehr in ihrem System zuzuweisen, weil sie an einem egozentrischen Verständnis des *Selbst* festhalten; so ordnen sie Ethik im schlimmsten Fall unter ferner liefen ein.

Im jüdischen Verständnis dagegen ist auch der Begriff des *Selbst* noch ethisch eingefärbt. Genau das scheint Levinas in seiner letzten Talmudlektion sagen zu wollen. Und es scheint, als sei ihm eine sehr enge Verquickung der biblischen Lehre und der talmudischen Weisheit mit seiner Philosophie gelungen.

Ich werde weiter unten (Abschnitt 3) über die hermeneutischen Methoden der Talmud-Exegesen sprechen. Zunächst jedoch möchte ich in aller gebotenen Kürze ihren »Sitz im Leben« skizzieren.

2. Biographie

Emmanuel Levinas (geb. am 12.1.1906 in Kaunas/Kowno) stammt aus Litauen (das er 1923 verließ, um in Frankreich zu studieren) und unterlag in seiner Entwicklung mannigfachen Einflüssen, von denen ich folgende als die wichtigsten bezeichnen möchte:

1. die Vertrautheit mit der hebräischen Bibel, die er »quadratische Buchstaben« oder »Lettern« nennt, in frühester Jugend;
2. das Eingebettetsein in die litauische Variante des osteuropäischen Judentums, die dem Chassidismus und der Kabbala reserviert gegenüberstand und den Rationalismus betonte;
3. die russische Literatur mit ihrem hohen ethischen Anspruch (Dostojewski, Lermontow, Grossman u.a.);
4. die westeuropäische, vor allem deutsche und französische Kultur und Philosophie, mit der Levinas bereits auf dem russischen Gymnasium bekannt wurde;
5. die »Dialogische Philosophie« von Martin Buber, Franz Rosenzweig und Gabriel Marcel;
6. die Phänomenologie, besonders Husserl und Heidegger;
7. die Talmudstudien bei Schuschani.

In seiner sehr aufschlußreichen autobiographischen Notiz »Signature«[2] beschließt Levinas seine Aufzählung dieser und anderer Einflüsse und biographischer Daten – »dieses Sammelsurium«, das »eine Biographie« darstellt – mit dem Satz: »Beherrscht wird sie von der Vorahnung des Nazigrauens und der Erinnerung daran.«

Levinas widmete sein zweites Hauptwerk *Autrement qu'être ou au-delà de l'essence*[3]

> dem Andenken der mir nahestehendsten Menschen unter den sechs Millionen durch die Nationalsozialisten Ermordeten, neben Millionen und Abermillionen menschlicher Wesen aller Konfessionen und aller Nationen, die Opfer desselben Hasses auf den andern Menschen, desselben Antisemitismus, wurden

und in der Tat müssen seine Philosophie und sein pädagogisches Wirken (er war mit Leidenschaft Lehrer an der *Alliance Israélite Universelle*) als eine der möglichen Antworten auf die Frage, was Philosophie nach Auschwitz überhaupt noch zu sagen habe, angesehen werden. Ich habe deshalb diesen biographischen Abschnitt nicht wie sonst üblich in Form einer chronologischen Aufzählung disparater Fakten aus dem Leben des Autors angelegt, sondern versucht, der Bedeutung des zitierten Satzes gerecht zu werden.

Die Biographie des Denkers Levinas kann in drei Phasen eingeteilt werden: vor dem Krieg, während des Krieges (ab 1933!), nach dem Krieg. Dem entsprechen drei philosophische Entwicklungsstufen: die Kritik der Freiheit, die ontologische Kritik des Seins, die Philosophie der Substitution.

Der zweite Weltkrieg bleibt – neben der Entkolonialisierung – das entscheidende Faktum des 20. Jahrhunderts,

2 In: *Difficile Liberté*, Paris 1964, 1973; deutsch als »Unterschrift« in: *Eigennamen*, hrsg. von F. P. Ingold, München / Wien 1988.

3 Den Haag 1974, deutsch: *Jenseits des Seins oder anders als Sein geschieht*, aus dem Französischen von Thomas Wiemer, Freiburg / München 1992.

auch wenn er manche Erdteile nur wenig berührte. Seine Folgen waren noch 1995 zu spüren, als Emmanuel Levinas starb. Die Shoah traf Levinas sowohl persönlich – durch die Ermordung seiner Familie in Litauen – als auch in seiner philosophischen Entwicklung – Enttäuschung über den bis dahin hochverehrten Heidegger –, abgesehen von den denkerischen Konsequenzen, die dieser Einbruch der Weltgeschichte bedeutet haben muß. Die Verehrung für Deutschland und seine Kultur, die sein Deutschlehrer dem jungen Levinas vermittelt hatte, wurde so schwer erschüttert, daß Levinas den Schwur ablegte, nie mehr deutschen Boden zu betreten. Er hielt diesen Schwur bis zuletzt ein, obwohl er bekannte, ihn Jahre später manchmal bereut zu haben. Denn aus Deutschland kamen die wichtigsten philosophischen Einflüsse auf Levinas' Denken, Husserl und Heidegger, obwohl auch andere Philosophen wie Platon, Pascal und Bergson und das dialogische Denken für Levinas von großer Bedeutung waren.

Doch Husserl wurde im Dritten Reich durch die Nazis als Jude diskriminiert und ausgerechnet von seinem Schüler Heidegger ausgegrenzt. Die Widmung »meinem verehrten Lehrer Edmund Husserl« in seinem Hauptwerk »Sein und Zeit« nahm Heidegger, der sich in seiner berüchtigten Rektoratsrede dem »Führer« Hitler unterstellt hatte, zurück und fügte sie erst nach dem Krieg wieder ein. Nie distanzierte er sich ausdrücklich von den Verbrechen der Nazis oder vom Antisemitismus. Stattdessen versuchte er den Nationalsozialismus philosophisch (oder pseudophilosophisch?) als »Humanismus« (für ihn ein abwertender Begriff!) zusammen mit anderen Lehren, bei denen der Mensch und nicht »das Seyn« im Vordergrund stehe, abzutun und damit sein Eintreten für die »nationale Revolution« zu neutralisieren.

Das Interesse für die Person Heideggers war mit dessen Unterwerfung unter Hitler 1933 bei Levinas erloschen. Er beschränkte fortan seine Verehrung auf das Werk »Sein und Zeit«, also auf den Heidegger bis 1927.

Ich beginne die Lebensschilderung nicht nur deshalb mit Levinas' Verhältnis zu Heidegger, weil es biographisch von größter Wichtigkeit war, sondern auch, weil es eine Veränderung im philosophischen Denken desjenigen bewirkte, der in seiner Jugend einer der enthusiastischsten Verfechter der Phänomenologie Husserls und des Seinsdenkens Heideggers gewesen war.

Der überaus große Einfluß, den Heidegger auf die französischen Philosophen bis hin zu Foucault und Derrida hatte und heute noch hat, ist nicht zuletzt auf Levinas' Engagement zurückzuführen. In vielen Artikeln ab 1929 pries er Heidegger und übte durch seine preisgekrönte Dissertation *Théorie de l'intuition dans la phénoménologie de Husserl*[4] erhebliche Wirkung u.a. auch auf den jungen Jean-Paul Sartre aus, der aufgrund dieses Buches begann, sich mit Husserl und Heidegger zu beschäftigen. Er kam auf atheistische Weise zu ähnlichen Ergebnissen wie Levinas auf mehr religiösem, wenn auch ungeschmälert philosophischem Wege.

Bei beiden bedeutet die Anwesenheit des anderen Menschen einen Einbruch in die vom Subjekt vorgestellte *Welt* (die Summe der Vorstellungen; vgl. den Abschnitt »Der Blick« – *Le regard* – in Sartres Hauptwerk »Das Sein und das Nichts« – *L'être et le néant*). Durch diese Lücke des repräsentierenden Selbstbewußtseins erreicht mich (das Subjekt) der ethische Anspruch des anderen Menschen.

Bemerkenswert ist die Parallelität, mit der beide Denker die Ethik in den Mittelpunkt ihrer Philosophie stellen. Der eine vor biblischem und talmudischem Hintergrund, vielleicht auch aufgrund der dialogischen Philosophie Bubers

4 Paris 1930. Der Titel bedeutet: Die Theorie der Anschauung in Husserls Phänomenologie.

und Rosenzweigs, der andere aufgrund der Tradition der französischen Moralisten. Beide aber stellen sich damit letztlich dem ethisch neutralen Seinsbegriff Heideggers entgegen.

Das Sich-Abarbeiten an Heidegger, die zunehmende Distanzierung von ihm erfährt in den drei Lebensphasen von Levinas verschiedene Ausprägungen. In der Vorkriegsphase ist es eine rein philosophische Auseinandersetzung mit dem Begriff der Freiheit und dem, was Levinas die »Anonymität« des Heideggerschen Seinsbegriffes nennt. Die Auseinandersetzung wird in Levinas' Dissertation und vor allem in dem wichtigen Essay *De l'évasion* geführt, der 1982 als selbständige Publikation erschienen ist (vgl. auch die frühen Essays in *Zwischen uns*). Die Selbstgenügsamkeit des Heideggerschen Ichs wird anhand phänomenologischer Analysen vorgeführt, die große Ähnlichkeit mit den später von Sartre ebenfalls rein phänomenologisch angestellten Analysen (vgl. das Kapitel über den Ekel in *De l'évasion* mit Sartres Roman »Der Ekel«) besitzen.

In der Gefangenschaft (im Stalag Nr. 1492 bei Lüneburg) liest Levinas, soweit es unter den erschwerten Umständen möglich ist, viel, z.B. Proust, und bereitet *Vom Sein zum Seienden*[5] vor, das nach dem Krieg inmitten der existentialistischen Epoche erscheint. Von Heidegger und Sartre setzt sich Levinas ab, indem er auf die Banderole um sein Buch schreiben läßt: »Worin nicht von Angst die Rede ist«. Das Buch bleibt bei der ontologischen Sprache von »Sein und Zeit«, dreht jedoch die Priorität des Seins gegenüber dem Seienden, von der Heidegger ausgeht, kurzerhand um und behauptet die Priorität des Seienden, das heißt des anderen Menschen, selbst vor dem eigenen Sein, der eigenen Sterblichkeit, dem eigenen Selbsterhaltungstrieb.

5 *De l'existence à l'existant,* Paris 1947, 1986, deutsch: *Vom Sein zum Seienden*, aus dem Französischen von Ludwig Wenzler, Freiburg / München 1992.

Diese ontologische Phase umfaßt auch noch Levinas' erstes Hauptwerk *Totalität und Unendlichkeit* [6], das 1961 erscheint und das dem Sein abgerungene Ja zum Leben durch die Analysen des Erotischen, der Fruchtbarkeit, der Elternschaft weiter ausbaut.

Levinas ist der Vernichtung »unverdient« (wie er sagt) entronnen und antwortet auf die Frage, wo Gott in Auschwitz war, mit einer verstärkten Betonung des Ethischen, der Verantwortung für den anderen Menschen, mit einer lebensfreundlichen Philosophie, die auch Sexualität und Freude nicht ausspart. Es liegt auf der Hand, daß es Parallelen zu anderen Denkern (wie Hans Jonas und Erich Fromm) gibt, die trotz Auschwitz nicht der Resignation oder Verbitterung verfallen sind, und daß ich sie hier nennen, aber nicht auf den Vergleich mit ihnen eingehen kann.

Die Veränderung in Levinas' Leben zeigt sich an drei verschiedenen Momenten. Levinas widmet sich bis 1961, dem Zeitpunkt, als er seine erste Professur übernimmt, vor allem der Ausbildung jüdischer Lehrerinnen und Lehrer, die im Mittelmeerraum unterrichten sollen. Er lehrt Philosophie, diskutiert die Bibel und den Talmud mit den Studenten und ist Direktor einer Schule der *Alliance Israélite Universelle*. Er nimmt aber auch an philosophischen Zirkeln teil, vor allem dem des Sorbonne-Professors Jean Wahl. Zu den von ihm am meisten bewunderten Kollegen gehören Gabriel Marcel und Leon Brunschvicg. In Jean Wahls »Philosophischem Kolloquium« trägt er seine Vorlesungen *Die Zeit und der Andere* in vier Teilen vor.

Drittens wendet er sich verstärkt dem Talmudstudium zu, das er bei *Schuschani* vertieft. Diese Studien sind der Grundstock für die später bei den Kolloquien der franzö-

6 *Totalité et infini. Essai sur l'extériorité,* Den Haag 1961 (Phaenomenologica 8), (deutsch: *Totalität und Unendlichkeit*, aus dem Französischen von Wolfgang N. Krewani, Freiburg / München 1987).

Hanna Krall
Da ist kein Fluss mehr

Knapp und poetisch verbindet Hanna Krall Einzelschicksale mit historischen Ereignissen und biblischen Motiven. Und so nimmt es nicht wunder, daß neben der Jungfrau von Wlodzimierz von Feldmarschall Rommel, neben dem Don Juan des Otwocker Proletariats von Rabbi Besser aus New York die Rede ist.

ISBN 3-8015-0331-3
180 Seiten, geb., DM 38,00

Béla Zsolt
Neun Koffer

Statt im September 1939 von Paris aus zu fliehen, fährt der Autor zurück nach Budapest, da sich nur in dem Zug dorthin genügend Platz für die neun Koffer seiner Gattin findet. Hier erwarten ihn Arbeitsdienst, Gefängnis und Ghetto, und ein Wunder muß das andere jagen, damit der ungarische Journalist Zsolt (1895-1949) überlebt.

ISBN 3-8015-0335-6
393 Seiten, geb., DM 48,00

Carlo Michelstaedter
Überzeugung und Rhetorik

Das ungewöhnliche Werk aus dem Nachlaß eines Dreiundzwanzigjährigen ist provozierendes Bekenntnis und Programm zugleich. Carlo Michelstaedter (1887-1910) formuliert darin eine radikale Kritik an gesellschaftlichen Institutionen, dem Zustand der Sprache und des wissenschaftlichen Denkens.

ISBN 3-8015-0325-9
174 Seiten, geb., DM 44,00

Wladimir Wyssotzkij
Wolfsjagd. Gedichte und Lieder

Der Dichter, Sänger und Schauspieler Wladimir Wyssotzkij (1938-1980) war in der Sowjetunion ein Idol. Mit rauher, leidenschaftlicher Stimme sang er zur Gitarre seine spöttischen und traurigen Lieder von Liebe, Alkohol, Einsamkeit, Gefängnis, Bonzen und Pennern, Korruption und stillem Heldentum im Alltag.

ISBN 3-8015-0210-4
148 Seiten, geb. 38,00

Name ....

Straße ....

PLZ, Ort ....

Datum, Unterschrift ....

Bitte als
Postkarte
frankieren

An den
Verlag Neue Kritik
Kettenhofweg 53

D-60325 Frankfurt am Main

Unsere Bücher sind in jeder
guten Buchhandlung erhältlich.

sischsprachigen jüdischen Intellektuellen gehaltenen Talmud-Interpretationen.

In dieser Nachkriegszeit hat er die Bekanntschaft des außergewöhnlich brillanten Talmudisten und Naturwissenschaftlers *Schuschani* gemacht. Das Porträt dieses ungewöhnlichen Mannes hat Elie Wiesel, der ebenso wie Levinas sein Schüler war, in »Der irrende Jude«[7] entworfen. Er lebte in jener Zeit ohne festen Wohnsitz in Paris, verschwand ebenso unverhofft wie er aufgetaucht war und dozierte, wenn er gerade in der Stimmung dazu war, auf – wie jene sagen, die ihn kannten – absolut geniale Weise. Einige Monate lang wohnte er auch bei Levinas, der als sein Schüler seine Methode studierte. Der Mann, der sich Schuschani nannte und dessen Herkunft dunkel ist, soll den Talmud auswendig zitiert haben, dazu ein enzyklopädisches Wissen heranziehend, das sich auch auf die Naturwissenschaften erstreckte. Nachdem er Paris verlassen hatte, starb er Anfang der sechziger Jahre in Südamerika.

In der dritten Phase seiner philosophischen Entwicklung – Levinas ist jetzt, dank des Insistierens seines Freundes Jean Wahl, endlich seine Habilitationsarbeit zu schreiben, Professor der Universitäten Poitiers, dann Paris-Nanterre und zuletzt an der Sorbonne – nimmt er weiter Abstand von Heidegger und vertieft seine ethische Meditation außerordentlich. Levinas löst sich von der ontologischen Sprache und entwickelt einen appellativen, die Syntax zersprengenden Sprachstil, der nicht mehr viel mit diskursivem Ableiten von Thesen arbeitet. Diese Methode, die mit Einschüben, Wiederholungen und der Emphase dienenden Wortbetonungen durch Syntaxumstellungen arbeitet, hat Thomas Wiemer

7 Elie Wiesel, *Le juif errant*, in: *Le Chant des Morts*, Paris 1966, deutsch: »Der irrende Jude«, in: *Gesang der Toten. Erinnerungen und Zeugnis.* Mit den Nobelpreisreden von Oslo, aus dem Französischen von Christian Sturm, Freiburg / Basel / Wien 1987, S. 96-117.

in seinem Werk über die Sprache von Emmanuel Levinas[8] eindrucksvoll beschrieben. Im Zentrum dieser Phase steht das zweite Hauptwerk *Jenseits des Seins oder anders als Sein geschieht*[9], das 1974 erscheint und um das sich eine Fülle von Aufsätzen gruppiert, die der gleichen Phase angehören. Von dem beschriebenen Sprachstil ist in den Talmud-Vorlesungen kaum etwas zu spüren.

Von politischen Ereignissen – abgesehen von denen in Israel – hält sich Levinas, vergleicht man ihn etwa mit Sartre, deutlich fern. In Interviews zeigt er sich gleichwohl als zumindest nicht unpolitischen Menschen, für den der Stalinismus gerade deshalb eine bittere Enttäuschung darstellt, weil Levinas dem humanistischen Impuls des jungen Marx nahesteht. Davon zeugt auch der Anfang des Vorworts zu seiner Aufsatzauswahl mit dem Titel *Eigennamen*:

> Zwei Weltkriege, dazu lokale Kriege, der Nationalsozialismus, der Stalinismus, dazu die Entstalinisierung, Lager, Gaskammern, Atomwaffenarsenale, Terrorismus und Arbeitslosigkeit – recht viel für eine Generation, und hätte sie dies auch nur als Zuschauer erleben müssen.[10]

Wenigstens den Zweiten Weltkrieg hatte Levinas nicht nur als Zuschauer erlebt.

Die politische Aussage ist Levinas' Philosophie immanent. Er hält sich zwar von Kundgebungen und Parteimitgliedschaften fern. Eine Philosophie, die auf die Verantwortung für den anderen Menschen ausgerichtet ist, kann aber nicht unpolitisch sein. Viele seiner Texte sind eine Einheit von Philosophischem und Politischem, etwa wenn

8 Thomas Wiemer: *Die Passion des Sagens. Zur Deutung der Sprache bei Emmanuel Lévinas und ihrer Realisierung im philosophischen Diskurs,* Freiburg / München 1988.

9 *Autrement qu'être où au-delà de l'essence,* Den Haag 1974.

10 *Eigennamen* (vgl. Anm. 1), S. 7.

er über Husserl schreibt: »Trotz seiner Betonung des Intellekts und seiner Überzeugtheit von der Überlegenheit des Westens hat Husserl ... den bis dahin unbestrittenen platonischen Vorrang eines Kontinents in Frage gestellt, der sich berechtigt wähnt, die Welt zu kolonisieren.«[11] Politische Aufsätze zum Problem des Zusammenlebens von Israelis und Palästinensern finden sich außer in *Jenseits des Buchstabens*, Band II (in Vorbereitung beim Verlag Neue Kritik) in den Sammelbänden *Difficile Liberté* und *A l'heure des nations*[12].

1966 veröffentlicht Emmanuel Levinas einen Text, der zuerst *Honneur sans drapeau* (»Ehre ohne Fahne«) und später *Sans nom* (»Namenlos«) hieß (er ist in der deutschen Auswahl *Eigennamen* enthalten). Darin heißt es:

> Vor mehr als einem Vierteljahrhundert wurde unser Leben, und zweifellos mit ihm die Weltgeschichte, unterbrochen. Es gab kein Maß mehr, das Dinge ohne Maß enthalten hätte. Hat man im Gedächtnis diesen Tumor, so können ihm zwanzig Jahre nichts anhaben. Der Tod wird zweifellos bald das unverdiente Privileg, sechs Millionen Tote überlebt zu haben, wieder aufheben. Wenn aber während dieser Galgenfrist Zeitvertreib und Unterhaltung aufs neue das Leben füllen ... so hat doch nichts ... den klaffenden Abgrund auffüllen oder auch nur zudecken können. Von den Schlupfwinkeln unserer täglichen Zerstreuungen aus kehren wir kaum weniger häufig zu ihm zurück, und der Schwindel, der uns an seinem Rande ergreift, ist immer noch derselbe.

Emmanuel Levinas starb am 25. Dezember 1995.

11 *Eigennamen,* a.a.O., S. 109 (die schon erwähnte Notiz *Signature* – »Unterschrift«).

12 *A l'heure des nations,* Paris 1988 (Teilübersetzung ohne die Essays: *Stunde der Nationen*, aus dem Französischen von Elisabeth Weber, München 1994).

3. Die Talmud-Exegesen

Die Talmud-Vorlesungen von Emmanuel Levinas wurden nahezu in ihrer Gesamtheit als Vorträge bei den Zusammenkünften der französischsprachigen jüdischen Intellektuellen gehalten, die die französische Sektion des Jüdischen Weltkongresses alljährlich organisiert. Von Anfang an wurden die Protokolle der Kolloquien veröffentlicht, seit 1964 von Jean Halpérin und wechselnden Mitherausgeber(inne)n. Die Protokolle enthalten oft Diskussionen zu den Exegesen von Emmanuel Levinas, die er in seine Buchausgaben nicht aufgenommen hat. Die »Talmud-Lektionen« des »Herrn Professors Levinas« wurden außerordentlich hoch geschätzt. Seit 1968 (*Quatre lectures talmudiques*[13]) gab er sie im Verlag Editions de Minuit als Sammelbände heraus. 1977 erschien *Du sacré au saint. Cinq nouvelles lectures talmudiques*[14], 1982 *L'au-delà du verset. Lectures et discours talmudiques*[15], 1988 *A l'heure des nations*[16] und 1996 der vorliegende Band *Nouvelles lectures talmudiques* im französischen Original. Die Bände *L'au-delà du verset* und *A l'heure des nations* enthalten außer den Talmud-Lesungen auch Essays zu jüdischen Themen. Sie stellen somit Fortsetzungen der großen Essaysammlung *Difficile Liberté*[17] dar, die neben Essays zu Fragen des Judentums und seines Verhältnisses zur Zeit und zum Christentum die ersten Talmud-Interpretationen, sämtlich zum Thema Messianismus, enthält.

Die Tatsache, daß die Talmudstudien alle in demselben Verlag und die Hauptwerke und die übrigen Schriften in

13 Paris 1968, deutsch: *Vier Talmud-Lesungen*, Frankfurt am Main 1993.

14 Paris 1977, deutsch: *Vom Sakralen zum Heiligen. Fünf neue Talmud-Lesungen*, Frankfurt am Main 1998.

15 Paris 1982, deutsch: *Jenseits des Buchstabens*, Bd. 1, Frankfurt am Main 1996.

16 Paris 1988, deutsch: *Stunde der Nationen*, aus dem Französischen von Elisabeth Weber, München 1994.

17 Deutsch in Auswahl unter dem Titel *Schwierige Freiheit* erschienen (s. Literaturliste).

anderen veröffentlicht wurden, deutet darauf hin, daß Levinas die Früchte jener Kolloquien als besonderen Teil seines Werkes ansah und sich dessen bewußt war, daß er sich damit an ein anderes Publikum als das fachphilosophische richtete. Die Sprache der Talmud-Lektionen vermeidet weitgehend die sonst zahlreichen phänomenologischen Fachausdrücke. Levinas wollte weder bei den Leserinnen und Lesern des »konfessionellen« Werkes philosophische Bildung, noch beim Publikum seiner fachphilosophischen Werke eine religiöse Orientierung voraussetzen. Die gelegentlichen Versicherungen, er wolle in den Talmud-Vorlesungen nur als Philosoph sprechen, täuschen nicht darüber hinweg, daß es sich hier um das Studium der »mündlichen Tora«, also des Wortes Gottes, durch einen »neo-orthodoxen« (Daniel Krochmalnik) Gläubigen handelt.

Emmanuel Levinas hatte, wie oben bereits erwähnt, nach seiner Rückkehr aus der deutschen Kriegsgefangenschaft eine Aufgabe für die *Alliance Israélite Universelle*, ein internationales jüdisches Bildungswerk, übernommen und war bald Direktor der zur *AIU* gehörenden Schule in Paris-Auteuil geworden, an der jüdische Lehrer für ihre Tätigkeit in den Mittelmeerländern ausgebildet wurden. Mit den Studenten dieser Schule unternahm er viele Jahre lang an jedem Sabbat nach dem Synagogengottesdienst eine Auslegung eines Bibelabschnittes, die sich wegen seiner Lebendigkeit, Brillanz und großen Menschlichkeit starken Zulaufs erfreute. Die Bedeutung dieser wichtigen religiösen und pädagogischen Aufgabe wird oft zugunsten seiner Tätigkeit als Professor für Philosophie unterschätzt.

Die paradigmatische Methode

Levinas hatte sicherlich schon zuvor Kenntnisse des Talmud, doch ein ernsthaftes Studium scheint er erst in der Nachkriegszeit begonnen zu haben. Mit der Lehre des Schuschani (zu Schuschani vgl. Abschnitt 2) erwarb er das Rüstzeug für seine Exegesen.

Die paradigmatische Methode, die das Kernstück dieser Lehre gewesen zu sein scheint, beschreibt Levinas so: Wenn im Talmud Beispiele herangezogen werden, die einen moralischen oder geistigen Gedanken stützen sollen, dann sind sie nicht bloß Illustrationen. Zwischen dem Geist der Aussage und dem materiellen Anteil, dem »Körper« des Beispiels, besteht eine direkte Beziehung. Das Beispiel ist nicht willkürlich gewählt, sondern ein materieller Ausdruck des Gesetzes, das der Gedanke ausdrückt, aber auch geeignet, als Beispiel für andere Gedanken zu dienen. Das Beispiel hat somit aufgrund seines materiellen Daseins wie ein Molekül mehrere Valenzen, an die verschiedene Gedanken andocken können. Die Methode der Talmudisten besteht nun darin, immer wieder zu denselben Beispielen zurückzukehren und sie neu zu deuten, was sie nicht nur auf zahlreiche Gedanken bringt, sondern auch dafür sorgt, daß ihr Denken lebensnah bleibt.

Die paradigmatische Methode hat eine semantische Funktion. Die konkreten Beispiele, die für eine Behauptung angeführt werden, sollen auch die konkrete Situation eines Sinnzusammenhanges betonen. Die Dialektik soll nicht abstrakt funktionieren, sondern immer wieder zum realen Leben zurückkommen, damit sie die »Bodenhaftung« nicht verliert. Das geschieht mittels einer subtilen Kunst des Metapherngebrauchs. Das scharfsinnige Denken soll seinen Bezug zur lebensnahen Weisheit nicht verleugnen.

Ein zweiter Aspekt der paradigmatischen Methode betrifft das Zitieren aus dem Kontext.

Kein Zitat der rabbinischen Gelehrten, und schiene es noch so sehr an den Haaren herbeigezogen, ist zufällig gewählt. Jedes Zitat verweist auf den Kontext, dem es entstammt. Dieser ist den Gesprächspartnern im Talmud so präsent, daß es nicht notwendig ist, den ethischen, theologischen oder historischen Hintergrund zu benennen. Wenn sich die Gelehrten Zitate zuwerfen, so verstehen sie einander sofort. Die Methode gleicht der von Witzeerzählern, die die ihnen wohlbekannten Witze numeriert haben und sich, dabei lachend, nur noch Zahlen zuwerfen.

Die Talmudisten haben, wenn sie ein Zitat suchten, nicht die Konkordanz geöffnet, um darin die Verweise auf alle Bibelstellen nachzuschlagen, wo von Raubtieren die Rede ist. Sie verfügen über eine bewundernswerte Kenntnis der Texte und ihrer Nuancen. Weil es sie amüsiert, geben sie sich gerne einfältig, aber sie kennen die Texte und ihre Fragestellungen perfekt; ohne großen Anschein verstehen sie schnell und in Anspielungen zu denken, um untereinander als absolut intelligente Menschen übereinzustimmen. Im Talmud – den anzufechten Juden, die gleichwohl Juden bleiben wollen, sich erlauben – finden sich alle Äußerungen, alle Knoten des jüdischen Denkens verknüpft. (*Vom Sakralen,* 35)

Ein weiteres Prinzip der Interpretation läßt sich aus den Lehren des Rabbi Jischmael ableiten: »Die *Tora* spricht die Sprache der Menschen« (vgl. Jenseits, 7). Es gibt zwar legitime Methoden der Schriftauslegung, doch sind sie für die ethische Botschaft der hebräischen Bibel nebensächlich. In allen Schriften kommt ein Gleiches zum Ausdruck, das den »roten Faden« der Bibel darstellt. Das Wunder des Zusammenfließens der verschiedenen Quellen der Bibel ist wichtiger als die verdienstvollen Arbeiten der historischen Bibelkritik und der »Wissenschaft des Judentums.« Man sollte daher zunächst nach dem Sinn der inspirierten Botschaft eines Textes fragen, bevor man ihn soziologisch einordnet. »Vor jeder Geschichtsschreibung und Soziologie muß man die den Texten eigene Sprache entziffern.« (*Vom Sakralen,* 61 f.)

Nehmen wir zunächst die Gegebenheiten des Textes an, ohne uns vorschnell der Psychoanalyse ihres Verfassers – oder ihrer Verfasser – zuzuwenden, ohne irgend jemandem bestimmte Absichten nachweisen zu wollen; unterstellen wir dem Text, er sei aufrichtig, und fragen wir uns, was er sagen will; unterstellen wir, daß die verwendeten Termini durchdacht und folglich seine Aussagen und seine Vorstellungen[18] in eine andere Sprache und in andere Begriffe übertragbar sind. Die Interpretation vollzieht sich wahrscheinlich in eben dieser Übertragung. (Ebd., 56 f.)

Die litauische Schule

In der Überlieferung der Traditionen des osteuropäischen Judentums ist oft von einem Gegensatz zwischen den *Chassidim*, deren Wirken vor allem durch Martin Buber bekannt geworden ist, und den Gegnern der Chassidim, den *Mitnagdim,* die Rede. Dabei gelten die Chassidim als gefühlvoll, schwärmerisch, fröhlich; Tanz und Gesang sind Teil ihres Gottesdienstes. Die Mitnagdim, die vor allem in Litauen stark vertreten waren, gelten als nüchtern, rationalistisch, streng; sie studieren den Talmud häufiger und ernster.

Diese grobe Einteilung verkennt die Rolle von Inspiration und Transzendenz in der litauischen Schule. Emmanuel Levinas kann seine litauische Herkunft insofern nicht verleugnen, als er die Nüchternheit und Rationalität des Talmud zu betonen nicht müde wird. »Chassidismus und Kabbala haben in der jüdischen Seele nur dann Bürgerrecht, wenn sie vom talmudischen Wissen durchdrungen sind« (*Schwierige Freiheit*, 15). Gewiß grenzt Levinas damit eine ganze Richtung der jüdischen Spiritualität, und zwar eine, die durch Martin Buber und später durch die Wiederentdeckung der Klezmermusik in den achtziger und neunziger Jahren besonders populär geworden ist, aus seinem Begriff des Judentums aus. Ein Rückschluß auf sein Konzept von Inspiration und Transzendenz läßt sich daraus jedoch nicht ziehen.

18 *Aussagen, Vorstellungen:* Levinas verwendet hier die in seinen philosophischen Schriften als Grundbegriffe seines phänomenologischen Denkens zentralen Termini *dire* (»Sagen«, vgl. weiter unten) und *représentation* (»Repräsentation« oder »Vergegenwärtigung«, ein Husserlscher Begriff) (Anm. d. Übs.).

In Litauen gab es innerhalb des Judentums neben dem Rationalismus und der Tradition des Talmudstudiums auch bestimmte religiöse Strömungen, die auf Levinas und die vielen anderen aus Litauen nach Paris ausgewanderten Intellektuellen wohl einen starken Eindruck gemacht haben müssen.[19] Vor allem möchte ich die Schule des Israel Salanter nennen, dessen markanten Satz »Die materiellen Bedürfnisse meines Nächsten sind spirituelle Bedürfnisse für mich« Levinas gerne zitiert.

Das wirft ein anderes Licht auf seine Ablehnung des Chassidismus und des gefühlsbetonten Judentums. Dem Ausschalten der Vernunft durch Tanz und Trance steht Levinas deshalb reserviert gegenüber, weil er darin einen Irrationalismus sieht, der zu Hemmungslosigkeit und schließlich zu hemmungsloser Ausbeutung führen könnte. In der Nüchternheit der Gebote der Tora sieht Levinas einen Schutz gegen Ausbeutung und Unterdrückung.

> Das lebendige, das natürliche Leben beginnt vielleicht ganz naiv, in Neigungen und Geschmäckern, die noch mit der Ethik vereinbar sind; es endet, wenn man ihm freien Lauf läßt, in Ausschweifungen ohne Liebe und in einer Gesellschaftsordnung, die der institutionalisierte Raub ist, in der Ausbeutung. (*L'au-delà*, 131)

Irrationalismus heißt also unkontrollierte Herrschaft der Triebe, zu denen auch Habsucht, Gier und der Trieb zur Ausbeutung gehören. Die Folgen des Irrationalismus sind für Levinas vor allem Folgen sozialer Art, so wie das Wesen des Judentums von ihm oft durch das Aufstehen gegen Ungerechtigkeit erklärt wird:

> »Warum fasten wir, und du siehst es nicht an? Warum kasteien wir unseren Leib, und du willst es nicht wissen?« fragen in diesem

19 Vgl. dazu das sehr aufschlußreiche Werk von Judith Friedlander: *Vilna on the Seine. Jewish Intellectuals in France since 1968*, Yale U.P., New Haven und London 1990 (mit Kapiteln über Jacob Gordin, Alain Finkielkraut und andere).

Prophetenabschnitt, Jesaja 58, Vers 3, fromme Seelen ... Und hier nun, aus dem Mund des Propheten, die erste Antwort des Herrn: Die angestrebte Nähe ist unvereinbar mit der bloßen Fortsetzung des ökonomischen Daseins, mit all den Konfliktbögen, die es begleiten, Brutalität, Haß, Herrschsucht, Betrug: »Siehe, an dem Tag, da ihr fastet, geht ihr doch euren Geschäften nach und bedrückt alle eure Arbeiter. Siehe, wenn ihr fastet, hadert und zankt ihr und schlagt mit gottloser Faust drein. Ihr sollt nicht so fasten, wie ihr jetzt tut, wenn eure Stimme in der Höhe gehört werden soll...« (Vgl. »Exigeant judaisme«, in: *L'au-delà,* 19, bzw. *Jenseits des Buchstabens*, Bd. 2)

So vereinen sich in Levinas' Talmud-Interpretationen die nur scheinbar trockene, in Wirklichkeit auf der Nüchternheit des strengen Gebotes der biblischen Gerechtigkeit insistierende, und die sozial denkende, verantwortungsbewußte Tradition des litauischen Judentums.

Inspiration und Transzendenz

Die hermeneutische Theorie der Talmud-Exegesen von Emmanuel Levinas beruht auf einer Auffassung von der Inspiriertheit der Sprache, die ich hier nur kurz darstellen kann. Wie im ersten Abschnitt bereits betont, ist der Grundgedanke von Levinas die Erkenntnis, daß nicht das Vermögen und Wissen für das menschliche Sein entscheidend sind, sondern dessen ethische Dimension. Von daher erhält auch die Sprache eine doppelte Bezogenheit. Einerseits ist sie Mitteilung eines Inhaltes, andererseits aber noch mehr Ausdruck von Verantwortung. Im Sprechen teilen sich sowohl Gesagtes (*Dit*) wie auch das Aussagen selbst, das *Sagen* (*Dire*) mit. Im Sagen ist die Sprache mehr als bloße Wissensübermittlung. Sie ist das Medium der *Nähe*.

Die ethische Dimension der Sprache manifestiert sich in der Begegnung mit dem Anderen, aber auch beim Lesen eines Buches. Das *Buch* ist für Levinas kein Gebrauchsgegenstand (vgl. *Jenseits* Bd. 1, 11). Die Texte gehen mich an. Die heiligen

Texte sprechen von etwas Ewigem, etwas Menschlichem. Daher werden sie über Jahrhunderte hinweg immer wieder gelesen und veralten nie. Mehr noch:

> Das von jedem und von jeder Zeit Eingebrachte trifft auf die Lehren aller anderen und alles Gewesenen. Daher der unablässige Bezug des Lesens auf die Ursprünge durch die Geschichte hindurch vom Schüler zum Lehrer; daher die Diskussionen von Kollegen in den Versammlungen, die sich über Jahrhunderte hinweg anreden, wobei das Ganze als Tradition der kommentierten Schrift in ihr aufgeht und immer neu eine sowohl gelehrte als auch moderne Lektüre verlangt. (Ebd., 11 f.)

> Teilnahme dessen, der die Offenbarung empfängt, am Werk Dessen, Der sich im Prophetischen offenbart. ... Die Lektüre eines prophetischen Textes ist in gewissem Maße selbst prophetisch. (Ebd., 12)

So wird das Lesen der Botschaft zum gemeinsamen Verfertigen der Botschaft durch Autor und Leser.

Dies gilt vor allem im Berührtsein von der Transzendenz (vgl. dazu das erste Kapitel des vorliegenden Bandes). Nur ein Lesen, das bereit ist, sich der Transzendenz zu öffnen, kann den durchgängigen Sinn der Bibel, aber auch den des Talmud, der mündlichen Tora, verstehen. Die Bereitschaft dazu ist kein Entschluß meinerseits, sondern wird vom anderen Menschen oder vom Anderen überhaupt geweckt. Ethische Erweckung mündet in den Wachzustand dessen, der für den anderen Menschen und für die Gerechtigkeit der irdischen Zustände, aber auch für die ständig fortgesetzte Offenbarung empfänglich ist. Sprache gewinnt die Dimension der Inspiriertheit hinzu.

Aber nicht nur die Sprache, die zu einer echten Kommunikation zwischen Menschen führt, das Denken der Menschen selbst kann inspiriert sein: Der Logos selbst ist prophetisch. Dieser »Rationalismus« des litauischen Juden Emmanuel Levinas leugnet keineswegs die Möglichkeit des Menschen für Transzendenz und Inspiration.

Inspiration: ein anderer Sinn, der unter dem unmittelbaren Sinn des Ausdrückenwollens hervorbricht, anderer Sinn, der einem Verstehen Zeichen gibt, das zuhört über das Hörbare hinaus, der äußersten Bewußtheit, dem erwachten Gewissen. Diese andere Stimme, die in der ersten ertönt, nimmt die Haltung einer Botschaft ein aufgrund dieser Resonanz, die hinter der ersten hervortritt. In ihrer Reinheit einer Botschaft hat sie nicht bloß eine bestimmte Form der Aussage, sie befiehlt den Inhalt. Die Botschaft als Botschaft erweckt das Hören für das glaubwürdige Verstehen, für den Sinn allen Sinns, für das Antlitz des anderen Menschen. Das Erwachen ist eben diese Nähe des Nächsten. Die Botschaft als Botschaft, in ihrer Art wachzurütteln, ist die Modalität, das »Wie« der Ethik, die die etablierte Ordnung desjenigen stört, der unbeirrt in seinem Seinstrott verharrt. Und handelt es sich hierbei, bezogen auf das Lesen, auf das Buch – aber deswegen nicht weniger wunderbar –, nicht um die Ursprungsgestalt des Jenseits, aber befreit von der mythologischen Vorstellung einer jenseitigen Welt? (*L'au-delà*, 137 f.)

Oft bezeichnet Levinas die ethische Haltung, die der Mensch einnimmt, wenn er sich dem Anderen öffnet, als »Trauma«. Auch hierin kann man nicht gerade einen klassisch »rationalistischen« Topos erkennen! In dem Talmuddiskurs (*Makkot* 23 b), den Levinas im Kapitel 1 des vorliegenden Bandes kommentiert, streitet sich Rav Eleazar mit Raba darüber, ob die göttliche Stimme in bestimmten Fällen bis zur Erde durchdringt, ob es zu einer direkten Berührung mit der Transzendenz kommt. Er führt drei Situationen an, in denen seiner Meinung nach eine Transzendenz in richterlichen Entscheidungen von Menschen spürbar war. Der Talmud gibt wie immer die widerstreitenden Meinungen wieder, entscheidet sich aber zugunsten der Meinung des Rav Eleazar, der den Geist der Menschen von göttlichem Licht erhellt glaubt, während Raba für alles Wunderbare in diesen drei Fällen eine natürliche Erklärung zu haben glaubt. Levinas folgert daraus:

Er (der Talmudtext, F.M.) entscheidet sich ohne Diskussion für ihn, im Namen der Tradition: Es soll also Inspiration in der Ausübung der Vernunft selbst geben! Schon der Logos sei prophetisch! Im Durchgang durch die Unsicherheiten und Vermutungen des vernünftigen Denkens kommt das Licht der Gewißheit wie unter dem Trauma der Offenbarung. Gewißheit gibt es nur als Botschaft. (*L'au-delà*, 141)

Und Botschaft wurde im Kontext des zitierten Aufsatzes als immer menschliche Botschaft, die über bloße Informationsübertragung hinausgeht, definiert.

Gewiß, so fährt Levinas fort, doch die Redaktoren des Talmudtextes hätten auch die verworfene Position sorgfältig bewahrt: Rabas Skepsis. »Als gäbe es noch eine Mehrdeutigkeit in den Folgerungen des hohen Gedankenaustauschs, der nach der Art des Talmud in nur scheinbar unscheinbaren Formulierungen ohne großes Aufhebens geführt worden ist.« (Ebd.)

Gerne lassen die Talmudisten Gegensätze einfach stehen, ohne die Differenzen unter ihnen zu verwischen. Sie scheuen nicht die Entscheidung, aber die unterlegene Meinung bleibt dennoch bewahrt. Jede Meinung ist eine Äußerung der Offenbarung, des göttlichen Wortes, der »mündlichen Tora«. Daraus ergibt sich eine sehr anspruchsvolle Hermeneutik:

Oberflächlicherweise wird die rabbinische Hermeneutik für ein Ignorieren des Geistes gehalten, obgleich doch das Ins-Auge-Fassen des Signifikats durch den Signifikanten nicht die einzige Form des Bedeutens (*signifiance*) ist; obgleich doch das Bedeuten des Signifikanten in seinen übrigen Modalitäten nur dem Geist entspricht, der es ersucht – wodurch dieser am Prozeß der Sinnstiftung (*signification*) teilnimmt; obgleich doch Interpretation nicht möglich ist ohne dieses Ersuchen (*sollicitation*), ohne das das Unausgesprochene, das dem Gewebe jeder Aussage innewohnt, von der Last der Texte erdrückt würde und in den Buchstaben verschwände. Ersuchen, das von Personen ausgeht: die Ohren gespitzt und Augen weit offen, auf das Ganze des Geschriebenen merkend, wenn es sich um einen

Auszug aus einem größeren Text handelt, und in gleichem Maße aufmerksam für das Leben: für die Stadt, die Straße und die anderen Menschen; Ersuchen, das von den Personen in ihrer Einzigkeit ausgeht: deren jede einzelne aufgerufen ist, den Zeichen Sinn zu entreißen – jeder Sinn einzigartig; Ersuchen, das von Personen ausgeht, die selbst auch Anteil am Prozeß der Sinnstiftung des Sinnhaften haben. Was nicht darauf hinausläuft, die Exegese auf subjektive Eindrücke und Reflexe zurückzuführen, die das verstandene Wort hinterläßt, auch nicht darauf, letztere grundlos den »Äußerlichkeiten« des Sinns einzuverleiben, sondern was darauf hinausläuft, die Pluralität der Personen als einen unumgehbaren Umstand der Sinnstiftung des Sinnes zu begreifen und als quasi gerechtfertigt durch das Schicksal des inspirierten Wortes, damit der unendliche Reichtum seines Unausgesprochenen sich aussagen könne oder damit der Sinn seiner Aussage, nach der Formulierung der Rabbinen, sich »aufladen« möge.

Sollte Israel, das Volk des Buches, bei dem die anspruchsvolle Lektüre der Schriften zur allerhöchsten Liturgie gehört, nicht das Volk der permanenten Offenbarung sein? (*L'au-delà*, 136)

Diese Methode, die der weiter oben beschriebenen »paradigmatischen« entspricht, besteht darin, die Menschen in ihrer Individualität zu hören, die am unendlichen Prozeß der Offenbarung teilhaben. Dadurch ist die jüdische Hermeneutik weit entfernt von jedem Modell eines »Lehrgebäudes«, das beansprucht, die ultimative Wahrheit zu sein. So entschieden wie die moralischen Lehren des Judentums sind, so weit sind sie doch von jeder Abstraktheit entfernt. Die Tora erweckt den Eindruck, als bewegte sie sich immer unter Menschen. »Die Tora spricht die Sprache der Menschen« – der Menschen in ihrer Individualität. Sie tut es, weil diese sich ihr öffnen.

Die Transzendenz im Sinne der jüdischen Hermeneutik ist aus der Sicht des Talmud, wie Levinas ihn interpretiert, das Gegenteil von Weltverneinung. Daher vielleicht die Abneigung mancher Talmudgelehrter gegen gewisse Rausch- und Trancezustände. Die Öffnung zu ihrer Transzendenz ist ganz anderer Natur. Sie öffnet die Seele dem ethischen Appell: »Kain, wo ist dein Bruder?«

Darin liegt auch der letzte Sinn des religiösen Ritus:

> Was die »Freidenker« gern als Verpflichtung gegenüber einem doch leeren Himmel verspotten, ist, auf rätselhafte Art und Weise, die absolute Öffnung der Seele: Öffnung der Selbstlosigkeit (*dés-intéressement*), des Opfers ohne Gegenleistung, der ohne Antwort oder Echo bleibenden Rede, zu der das »Gottvertrauen« und das Gebet die Kraft verleihen müssen. (*L'au-delà*, 139)

An anderer Stelle sagt Levinas:

> Es sieht ganz so aus, als seien die rituellen Handlungen eine Fortsetzung von Seelenzuständen, indem sie den inneren Reichtum der Seele aussprechen oder inkarnieren, und als seien sie für den andächtigen Gehorsam das, was ein Lächeln für die Güte, ein Händedruck für die Freundschaft und eine Liebkosung für die Zuneigung sind. (Ebd., 22)

In hermeneutischen Begriffen gefaßt, bedeutet diese *Öffnung der Seele* ein Transzendieren der Exegese über den Buchstaben hinaus, in das »Jenseits des Verses«. Die Interpretation muß transzendieren, und dazu muß sie inspiriert sein. »Die Stimme Gottes ist eine menschliche Stimme, Inspiration und Prophetie im Sprechen der Menschen« (s. vorl. Band, Kap. 1, S. 33). Die Seele öffnet sich, wenn sie von der Verantwortung für den anderen Menschen ergriffen wird. Diese Verantwortung macht uns fähig, das *Andere* in uns aufzunehmen. Das Andere kann nur von außen kommen, die dazu nötige Ausgesetztheit heißt demnach auch Exteriorität. Nur die Verantwortung öffnet uns für das Andere und für *den* anderen Menschen.

Die hermeneutische Theorie von Emmanuel Levinas ist das Zugeständnis des »Litwaks« an den Chassidismus, daß auch der »Logos schon prophetisch ist« (*L'au-delà*, 141) und daß es keine Bibelexegese gibt, die nicht inspiriert ist. Inspiration und Transzendenz sind die Schlüsselbegriffe dieser Theorie.

Aktualität des Talmud

Im Talmud hofft Levinas Themen zu finden, die den modernen Menschen interessieren, den »Menschen aller Zeiten«, zeitlose Themen; er findet sie und greift sie auf. »Das den großen Texten Eigene ist ja nicht, daß sie außerhalb der Geschichte auftauchen, sondern daß sie eine Bedeutung jenseits der Situation, die sie hervorgebracht hat, annehmen« (*Vom Sakralen,* 34):

> Diese Gelehrten des frühen Mittelalters sahen bereits die amerikanische Großstadt voraus! Alles ist schon einmal gedacht worden. Die Begrenztheit ihres konkreten Horizonts hindert sie nicht daran, in einem intellektuellen Horizont ohne alle Grenzen zu leben und die Möglichkeit, daß eine Gesellschaft keinerlei Traditionen haben könnte, als eine wichtige Sache zu begreifen:
>
> »Es handelt sich um eine neue Stadt.« (Traktat *Baba Metsia*, 83a)
>
> »Aber, wenn es sich um eine neue Stadt handelt, kommen denn nicht die Bewohner von irgendwoher? Gewiß, aber von überallher.« Die Vorstellung einer amerikanischen bzw. industriellen Gesellschaft wird zu Ende gedacht.
>
> »Sollte man nicht sehen, woher sie kommen? Es handelt sich um eine heterogene Bevölkerung.« (Ebd.)
>
> Städte tauchen auf aus dem Nichts, sie haben keine Vergangenheit, und die verschiedensten Völkerschaften sind hier so vermischt, die Individuen so verstreut, daß alle Traditionen verloren sind. Es gibt geschichtslose Wesen. Verwandelt dieser Umstand der Geschichtslosigkeit die Menschen nicht in Unterlegene? Sich nicht auf die große Ahnenreihe Abraham, Isaak und Jakob berufen zu können – oder, um nicht in Symbolen zu sprechen, nicht einer Menschheit anzugehören, die sich ihrer Geschichte bewußt, die organisiert und strukturiert ist –, schließt das die Menschenrechte aus? Befreien wir die Menschheit von Traditionalismen. Versuchen wir nicht

> mehr, sie mittels der patriarchalischen Tugenden der Horde zu erretten. Resch Lakisch will das Gesetz der *Tora* unabhängig von Ort und Zeit: ein ewiges Gesetz, an die Person als solche gebunden, auch wenn sie individualistisch vereinzelt ist. Die moderne Gesellschaft baut nicht auf der Geschichte, noch auf ihren Anschwemmungen auf. Sie findet ihre Ordnung aufgrund der menschlichen Würde, der menschlichen Personalität wieder. Sie hält sich an die Person. Nieder mit Bräuchen und Mythen, all jenem Wissen der ersten Ordnung bei Spinoza, all jenen Unterdrückungsinstrumenten! (*Vom Sakralen*, 29 f.)

In einer Talmud-Exegese, in der Levinas von Versöhnung spricht (*Vier*, 23 ff.), meint er das aktuelle Problem, ob man sich als Jude nach der Shoah mit den Deutschen versöhnen könne. Ausdrücklich nennt er Heidegger als jemanden, dem zu vergeben besonders schwerfalle, weil er gewußt habe, was er tat (ebd., 48).

Es geht in dieser Talmud-Lektion, wie auch in anderen, nicht um den abstrakten Begriff der Versöhnung, wie er in der Theologie diskutiert wird. Ähnliches trifft auf alle behandelten Themen zu. Wenn es um Zerstörung geht und um die Verantwortlichen für die Zerstörung, bezieht sich dies ganz selbstverständlich auf die Shoah (*Vom Sakralen,* 149 ff.). Die aktuellen Anspielungen sind Legion. Dazu trägt natürlich auch die Situation des jeweiligen Kongresses bei, für den und passend zu dessen Thema Levinas die Talmudauszüge ausgewählt hat.

Levinas wollte die Lehren des Judentums, die für ihn vor allem in der Weisheit des Talmud liegen, den modern denkenden Menschen zugänglich machen, indem er sie in die Sprache der Philosophie (ins, wie er es nennt, »Griechische«) übersetzte. Darin sah er die Aufgabe des modernen Judentums und der hebräischen Universitäten in Israel: »Eine moderne Neuformulierung der talmudischen Weisheit ist auch für jene notwendig, die außerhalb des Landes Israel Juden sein wollen. Und schließlich muß sie auch der gebildeten

Menschheit zugänglich sein, die, ohne den Antworten des Judentums auf die brennendsten Fragen der Gegenwart zuzustimmen, sich doch für die authentische Kultur Israels interessiert« (*Vier*, 19).

Frank Miething, Berlin, Januar 2001

Erklärung der Kurztitel:

L'au-delà: L'au-delà du verset. Lectures et discours talmudiques (wörtlich: Das Jenseits des Verses), Paris 1982; Teilübersetzung: *Jenseits des Buchstabens,* aus dem Französischen von Frank Miething, Frankfurt am Main 1996 (S. 29-122 des Originals als Band 1 erschienen; S. 17-25 und 125 ff. als Band 2: *Essays*, in Vorbereitung). Zitate aus dem auf Deutsch noch unveröffentlichten Teil in eigener Übersetzung.

Jenseits: Jenseits des Buchstabens. Band 1: Talmud-Lesungen, Aus dem Französischen von Frank Miething, Frankfurt am Main 1996 (= Teilübersetzung von *L'au-delà du verset. Lectures et discours talmudiques*, Paris 1982).

Schwierige Freiheit. Versuch über das Judentum, aus dem Französischen von Eva Moldenhauer, Frankfurt am Main 1992 (Auswahl aus *Difficile Liberté. Essais sur le judaisme*, Paris 1963, 1976).

Vier: Vier Talmud-Lesungen, Aus dem Französischen von Frank Miething, Frankfurt am Main 1993 (= *Quatre lectures talmudiques*, Paris 1968, deutsch).

Vom Sakralen: Vom Sakralen zum Heiligen. Fünf neue Talmud-Lesungen, Aus dem Französischen von Frank Miething, Frankfurt am Main 1998 (= *Du Sacré au saint. Cinq nouvelles lectures talmudiques*, Paris 1977, deutsch).

Nachbemerkung des Übersetzers

Die Talmud-Abschnitte werden von Emmanuel Levinas in seiner eigenen Übersetzung zitiert. Abweichungen von der deutschen Übersetzung von Lazarus Goldschmidt, die gleichwohl stets konsultiert wurde, waren daher in der deutschen Fassung nicht zu vermeiden. Auch die Bibelzitate wurden nach der von Levinas verwendeten französischen Übersetzung ohne Anlehnung an eine deutschsprachige Bibelausgabe dem Wortsinn nach übertragen. Eigennamen wurden dabei z.T. dem hebräischen Lautbild angepaßt (z.B. Mosche statt Mose), obgleich auch Levinas sie in der gräzisierten Form verwendet.

Einige Begriffe, die im Französischen durch Majuskeln hervorgehoben sind, um sie im emphatischen Sinn zu gebrauchen, wurden *kursiv* gesetzt (z.B die dem Judentum heilige *Tora* sowie das *Gesetz* im Sinne der Tora, im Unterschied zum weltlichen Gesetz, das Levinas klein schreibt).

Hebräische Wörter sind kursiv gesetzt und folgen einer vereinfachten phonetischen, nicht der in der Judaistik gebrauchlichen wissenschaftlichen Umschrift: z für Zajin (stimmhaftes s), w für Waw, v und b für Bet (wie v bzw. b), k für die k-Laute Kaf und Qof sowie kh für Khaf und ch für Chet (etwa wie ch in »Dach« auszusprechen).

Die Schreibweise der rabbinischen Eigennamen folgt im allgemeinen H. L. Strack / G. Stemberger, *Einführung in Talmud und Midrasch*, 7. Aufl., München 1982. Manche vergleichsweise populäre Namen wurden (sofern dies keine Veränderung der Aussprache nach sich zog) der deutschen Schreibweise behutsam angeglichen (Resch Lakisch statt Resch Laqisch).

Glossar

Aggada (häufig auch: *Haggada*): erzählende und überhaupt alle nicht halakhischen (gesetzlichen) Überlieferungen in Talmud und Midrasch.

Amoräer, von hebr.: *amar,* sagen, kommentieren: die Kommentatoren der tannaitischen Lehre bis etwa 500 u.Z. Ihre Kommentare sind ein umfangreicher Teil des Talmud.

Baraita, Pl. *Baraitot*, von hebr.: draußen befindlich: der tannaitischen Zeit zugeschriebene Lehrsätze, die nicht in die Mischna aufgenommen wurden. Sie finden sich in der Tosefta und in der Gemara, denen sie als Material für weitere Kommentare dienen.

Chessed: das liebende Vertrauensverhältnis zwischen Gott und seinem Volk, das auf dem Bund beruht; in beide Richtungen gedacht: die Huld, die Gott dem Volk, und die Huldigung, die das Volk seinem Gott erweist.

Gemara, von aramäisch: *gemar,* vollenden, lernen (der Tradition): der Teil des Talmud, der die Mischna auslegt und diskutiert und dabei Baraitot aufnimmt; da sie von weitaus größerem Umfang als die Mischna ist, wird gern auch der gesamte Talmud als Gemara bezeichnet.

Halakha: verbindliche Weisung, gesetzliche Ordnung aller Lebensbereiche (nicht nur Ritualgesetz) vor allem in der Mischna, aber auch im übrigen Talmud und in midraschischen Schriften; der Ausdruck kann aber auch die einzelne Vorschrift bezeichnen.

Midrasch (von hebr.: *darasch,* fragen, suchen): bestimmte Weisen der Schriftauslegung; literarische Gattung, die diesen Methoden folgt; bestimmte exegetische, homiletische, halakhische Werke dieses Genres (*Midraschim*).

Mischna, von hebr.: *schana*, wiederholen, (auswendig) lernen: wurde von den Tannaiten mündlich entwickelt und von Jehuda ha-Nasi um 200 u.Z. schriftlich fixiert. Sie bildet die Grundlage der Gemara, d.h. des Talmud in seiner babylonischen und palästinischen Fassung. *Eine* Mischna ist eine einzelne Lehre bzw. ihre literarische Form.

Rabbanan: älteste Lehrer der mündlichen Tora, auf die sich die Gelehrten der Gemara berufen.

Rav (auch *Raw* oder *Rab* geschrieben): Titel für den Gelehrten des Talmud in Babylonien; in Palästina heißen die Gelehrten *Rabbi.*

Schechina: Die Anwesenheit Gottes in der Welt.

Talmud, von hebr. *lamad*, lernen bzw. *limmad*, lehren: das Schriftdenkmal der jüdischen, zuvor nur mündlichen Tradition aus den ersten fünf bis sieben Jahrhunderten u.Z.; monumentales Sammelbecken der »mündlichen Lehre« Israels; besteht aus der Mischna und den auf sie aufbauenden und sie unter Einbeziehung von Baraitot weiterführenden Diskussionen und Lehrmeinungen der Tannaiten und der Amoräer Babyloniens und Palästinas (*Babylonischer* bzw. *Palästinischer* Talmud), der Gemara.

Tannaiten (tanaim), aram. *tanna* von hebr. *schana*, wiederholen, lehren, lernen: diejenigen Gelehrten, die bis ins frühe 3. Jh. u.Z. die »mündliche Lehre« Israels entwickelten. Ihre Lehren finden sich in der *Mischna* und in der *Tosefta.*

Tefilin: Gebetsriemen

Tora (auch *Torah* oder *Thora* geschrieben), von hebr. *jarah*, unterrichten: Weisung, Lehre; im engeren Sinne die fünf ersten Bücher der hebräischen Bibel (die fünf Bücher Mose oder der *Pentateuch)*, im weiteren Sinn auch die ganze hebräische Bibel (der *Tanakh*); im übertragenen Sinn die

Summe der Weisungen und Lehren der Bibel als ethische Unterweisung Israels.

Tosefta, aram.: Hinzufügung, trotz ihres Namens ein eigenständiges halakhisches Werk aus der Zeit der Tannaiten, bestehend aus Baraitot *(s. Baraita),* das der Mischna im Aufbau entspricht, jedoch nicht wie diese zur Grundlage weiterer Werke geworden ist.

Tosafisten: wirkten im 12. u. 13. Jh. in Deutschland und Frankreich als Talmud-Gelehrte. Ihre Versuche, die Widersprüche des Talmud, anknüpfend an *Raschi* (vgl. u.: »Einige wichtige Rabbinen und Kommentatoren«), aufzulösen, sind in viele Talmud-Ausgaben aufgenommen worden.

Tsitsit: Schaufäden (am Gebetsmantel)

Einige wichtige Rabbinen und Kommentatoren

Die Talmud-Gelehrten, deren Lehrmeinungen die *Mischna* (vgl. Glossar) und die *Gemara* bilden (die *Tannaiten* bzw. *Amoräer)* werden von Strack / Stemberger, *Einführung in Talmud und Midrasch*, 7. Aufl., München 1982, in Generationen eingeteilt, die die ungefähre zeitliche Einordnung derjenigen Gelehrten, deren genaue Lebensdaten nicht bekannt sind, erleichtern. Die Ära der Tannaiten dauerte bis wenig nach 200 u.Z., die der Amoräer bis ca. 500 u.Z.

Abaje: babylonischer Amoräer der vierten Generation, lebte von ca. 279-339, ein Schüler des *Rabbah (bar Nachmani)* und des *Josef*, von dem er die Leitung der Schule im babylonischen *Pumbedita* übernahm. Abaje gilt als ein Meister der talmudischen Dialektik, des sogenannten *Pilpul.* Ein Schriftvers läßt seiner Lehre zufolge stets mehrere Deutungen zu, verschiedene Verse jedoch nie dieselbe. Mit *Raba* bildete er ein Paar sich gegenseitig zu dialektischen Höchstleistungen anstachelnder Kontrahenten.

Rabbi Abbahu: palästinischer Amoräer der dritten Generation, Schüler Jochanans, kannte die griechische Kultur genau und diskutierte mit nichtjüdischen, vermutlich mit christlichen Gegnern.

Rav Adda (Ada) bar Ahaba, zweite Generation der Amoräer, Schüler Rabs, geboren in Sura, als sehr fromm und wundertätig berühmt, in hohem Alter gestorben.

Rabbi Akiba (ben Josef): ca. 50-130 u.Z., bedeutender Tannait, dessen Lehre in die Mischna einging. Man schreibt ihm eine bestimmte Auslegungsmethode der Bibel zu. Aus jedem Buchstaben der Tora habe er einen Sinn gedeutet. Man sieht ihn so als Gegenspieler der von Rabbi *Jischmael* geäußerten, von Levinas im Vorwort zu *Jenseits des Buchstabens* zitierten Lehrmeinung, die Tora spreche die »Sprache der Menschen«. Auch mystische Traditionen werden mit ihm verbunden; sein Leben und Martyrium ist legendenumrankt. Soll Anhänger Bar Kochbas gewesen und unter Hadrian umgekommen sein.

Rav Aschi (Ehrenbezeichnung *Rabbana Aschi*): babylonischer Amoräer der sechsten Generation, gest. 427. Wirkte in Sura.

Rabbi Chanina (bar Chama): palästinischer Amoräer der ersten Generation. Kam im »reifen Alter« aus Babylonien nach Palästina. Lernte bei *Rabbi (Jehuda ha-Nasi).* Übernahm später die Schule in Sepphoris.

Rabbi Chananja ben Akaschja: Tannait der dritten Generation.

Rabbi Chananja ben Gamaliel: Tannait der zweiten Generation.

Rabbi Chijja (bar Abba): Tannait der fünften Generation. Stammte aus Babylonien und kam nach Palästina, wo er in Tiberias lebte und im Seidenhandel tätig war. Er war der Onkel und Lehrer von *Rab;* sein Freund und Lehrer war *Rabbi.* Er soll an vielen Mischna-Aussagen beteiligt gewesen sein und galt in der Tradition auch als Redaktor der *Tosefta.* Seine Söhne waren Chiskija und Jehuda, die selbst wichtige Talmud-Gelehrte wurden.

Rabbi Eliezer (ben Hyrkanos): Tannait der zweiten Generation, lehrte in Jabne und Lydda, Kontrahent von Jehoschua ben Chananja und *Akiba.* Seine halakhischen Interessen verbinden ihn mit den Pharisäern. Der Sanhedrin in Jabne verhängte den Bann über ihn. Seinen Tod erzählt der Talmudabschnitt, der zur Grundlage der dritten Lektion des Bandes *Vom Sakralen zum Heiligen* dient.

Rabbi Eliezer oder Eleazar ben Schimon: Tannait der vierten Generation, der als »Polizist« oder Befehlshaber in römischen Diensten tätig war (vgl. »Judentum und Revolution«, in: Emmanuel Levinas, *Vom Sakralen zum Heiligen,* Frankfurt am Main 1999)

Rabbi Eliezer ben Jose ha-Gelili, Tannait der dritten Generation, dem die »32 *Middot* (Auslegungsregeln) des Rabbi Eliezer« zugeschrieben wurden. Sie machten seine aggadische Kunst berühmt, sind aber im Talmud selbst nicht zu finden (sie werden oft nach dem Traktat Berakhot abgedruckt). Vgl. Strack / Stemberger, a.a.O., s. 32 ff.

Rabbi Ilai: Tannait der zweiten Generation. Schüler des Eliezer ben Hyrkanos (der oft schlicht Rabbi Eliezer genannt wird).

Rabbi Jehoschua ben Levi: erste Generation der Amoräer, hervorragender Aggadist (vgl. im Glossar: *Aggada*) in Lydda (Palästina).

Rabbi Jehuda ha-Nasi (der »Fürst« oder der Patriarch, häufig einfach *Rabbi*): Tannait der vierten Generation, Sohn des *Rabban Simeon ben Gamaliel II*; Redaktor der Mischna, lebte in Bet Schearim und später in Sepphoris, gestorben 217. Die Institution des Patriarchats (Einsetzung von autorisierten Schülern als Lehrer) brachte er zu voller Geltung.

Rabbi Jitzchak: vierte Generation der Tannaiten in Palästina.

Rabbi Jochanan (eigentlich J. bar Nappacha, meist einfach R. J.): erste Generation der Amoräer, lehrte in Sepphoris und später in Tiberias. Haupt der dortigen Schule mehrere Jahrzehnte lang, starb 279. Soll den palästinischen Talmud redigiert haben.

Rabbi Jose ha-Gelili (der »Galiläer«, wie auch Levinas ihn nennt): aus der jüngeren Gruppe der zweiten Generation der

Tannaiten, Gesprächspartner *Akibas*, Tarfons und *Eleazar ben Azarjas.* Lehren zu Opfer und Tempeldienst.

Rab Josef (bar Chija): Amoräer der dritten Generation, gest. 333. angeblich Leiter der Schule in Pumbedita nach Rabbas Tod. Ehrentitel »Sinai« wegen guter Gesetzeskenntnis. Möglicherweise Autor einer aramäischen Teilübersetzung der Bibel. Mystiker.

Rabbi Meir: Tannait der dritten Generation, lebte in Tiberias. Bedeutender Beitrag zur Mischna.

Rav Nachman bar Jitzchak, vierte Generation der Amoräer. Schüler des Nachman bar Jakob (wie *Raba*). Nach Rabas Tod Leiter der Schule von Pumbedita (Babylonien). Oft auch einfach Rav N. genannt.

Raba, Raba bar Josef bar Chama: Schüler Rav *Nachmans* und Rav Josefs, lehrte in Machoza (Babylonien). Gegenspieler Abajes, viele Diskussionen im babylonischen Talmud. Dabei wurden R.s Meinungen im allgemeinen *Halakha* (gültige Lehrmeinung).

Rabbi: s. unter *Rabbi Jehuda ha-Nasi*

Raschi: Abkürzung für *Ra*bbi *Sch*lomo *J*izchaki, geboren 1040 in Troyes, starb 1105, wirkte u.a. in Worms und Troyes. Kommentator der hebräischen Bibel. Verfaßte den aufgrund seiner Klarheit, Verständlichkeit und Plausibilität bis heute nützlichsten und populärsten Kommentar zum Talmud.

Rabbi Schimon: häufige Kurzbezeichnung für Schimon (Simeon) ben Jochai, einem Schüler Akibas, dritte Generation der Tannaiten. Bedeutender Talmudist, dem der *Sohar* (Hauptwerk der Kabbala) zugeschrieben wurde, bevor der tatsächliche Autor bekannt wurde.

Weitere Talmud-Exegesen von Emmanuel Levinas in deutscher Sprache in der Reihenfolge ihres ursprünglichen Entstehens

»Messianische Texte«, in: Emmanuel Levinas, *Schwierige Freiheit. Versuch über das Judentum,* aus dem Französischen von Eva Moldenhauer, Jüdischer Verlag, Frankfurt am Main 1992 (Auswahl aus *Difficile Liberté)*, S. 58-103.

Vier Talmud-Lesungen, aus dem Französischen von Frank Miething, Verlag Neue Kritik, Frankfurt am Main 1993.

Dorothee v. Tippelskirch, »Lehre aus der Schmiede«, in: *Störenfriedels Zettelkasten. Geschenkpapiere zum 60. Geburtstag von Friedrich-Wilhelm Marquardt*, Alektor-Verlag, Westberlin 1988 (Erstübersetzung des 5. Kapitels von *Du Sacré au Saint,* mit einer Einleitung versehen; vgl. auch den Vortrag: »Wenn jemand einen Brand stiftet.« Zur Talmud-Lektüre von Emmanuel Levinas, in: *Lehre aus der Schmiede. »Wenn jemand einen Brand stiftet...«*, Theologischer Verlag, Tübingen 1995, S. 33 ff.).

Vom Sakralen zum Heiligen, aus aus dem Franzosischen von Frank Miething, Verlag Neue Kritik, Frankfurt am Main, 1999

Jenseits des Buchstabens, Band 1: Talmud-Lesungen, aus dem Französischen von Frank Miething, Verlag Neue Kritik, Frankfurt am Main 1996 (Band 2: Essays, in Vorbereitung).

Stunde der Nationen. Talmudlektüren, aus dem Französischen von Elisabeth Weber, mit einer Einleitung der Übersetzerin und einem Nachwort von Michael Wetzel, Wilhelm Fink Verlag, München 1994.